Österreichische Gesellschaft für Europapolitik (Hg.)

EUROPA NEU GEDACHT

WIE EIN AKTIVES ÖSTERREICH ZU EINEM STARKEN EUROPA BEITRAGEN KANN

Mit einem Vorwort
von Bundeskanzler a. D. Franz Vranitzky

GEGRÜNDET
1999

Österreichische Gesellschaft für Europapolitik (Hg.)

EUROPA NEU GEDACHT
WIE EIN AKTIVES ÖSTERREICH
ZU EINEM STARKEN EUROPA
BEITRAGEN KANN

Mit einem Vorwort
von Bundeskanzler a.D. Franz Vranitzky

Czernin Verlag, Wien

Gedruckt mit Unterstützung der Bundesarbeitskammer, Wirtschaftskammer Österreich und der Stadt Wien, Kultur.

Die Ansichten der Autor:innen stimmen nicht zwangsläufig mit jenen der Österreichischen Gesellschaft für Europapolitik (ÖGfE) überein.

Österreichische Gesellschaft für Europapolitik (Hg.): Europa neu gedacht. Wie ein aktives Österreich zu einem starken Europa beitragen kann
Wien: Czernin Verlag 2024
ISBN: 978-3-7076-0838-0

INHALT

VORWORT

Franz Vranitzky

Europa war nach allen gängigen historischen Darstellungen Jahrhunderte hindurch der zerrissene »alte« Kontinent. Amerika galt im Gegensatz dazu als die Neue Welt, die es – frei nach Goethe – besser hat.

Das 20. Jahrhundert hatte für die Menschheit die bittersten und grausamsten Erfahrungsinhalte vorrätig. Zum Glück der ganzen Welt gingen diese im Jahr 1945 zu Ende. Aber auch nach 1945 zeigte dieses blutige Jahrhundert an einigen Stellen der Welt weitere bestialische, von Menschen angerichtete Irrsinnigkeiten: Kriege von Korea bis Indochina, Krisen und Konflikte im Nahen und Mittleren Osten, sowjetische Repression und weltweite Terroranschläge, um nur einige zu nennen.

Europa gelang die Ausnahme. Eine kleine Anzahl von Wirtschaftsleuten, Diplomaten und Politikern verschrieb sich dem festen Ziel, dem geschundenen alten Kontinent und seinen Menschen einen Dritten Weltkrieg mit den dann vorhersehbaren endgültigen Zerstörungs- und Auslöschungsfolgen nicht mehr zumuten zu wollen, zu können, zu dürfen.

Eine heute schon vielfach unterbelichtete Initiative gelang: Der in der Nachkriegszeit zustande gekommene Montanvertrag zielte auf die Kontrolle der Schwerindustrie als Grundlage der Produktion von Rüstungsgütern ab. Die erfolgreiche Europäische Gemeinschaft für Kohle und Stahl war geboren, das kritisch beäugte Nachkriegs-Deutschland dabei mitzunehmen und zu integrieren, war dabei der entscheidende Schritt.

Wer könnte das alles gering schätzen?

Die gymnasiale Methode, jungen Menschen den Verlauf der Welt-
geschichte nahe zu bringen und gleichzeitig ein Gerüst für das
Memorieren anzubieten, besteht in der Einteilung des Geschehens
in Perioden.

Das Ende des 2. Weltkriegs liegt noch nicht einmal 80 Jahre
zurück. Trotzdem lässt sich diese Zeitspanne schon etwas »periodi-
sieren«. Für Österreich war die Nachkriegszeit jene Periode, in der
zunächst die Beseitigung der Kriegsschäden und der Wiederaufbau
im Vordergrund stand sowie letztlich die Herstellung der vollen
staatlichen Souveränität.

Von da weg erstreckte sich die lange Etappe der Auflösung der
Ost–West-Erstarrung und der fortschreitenden Vergemeinschaf-
tung europäischer Staaten. Dies für Österreich mit Wirkung vom
Jahresbeginn 1995. Die nationalökonomischen Analysen und das
vorliegende statistische Material belegen die Erfolgsgeschichte der
österreichischen EU–Mitgliedschaft.

Diese und verwandte Anmerkungen sind auch in der dritten
Dekade des 21. Jahrhunderts im Grundsatz valide. Trotzdem müssen
wir uns der gravierenden weltweiten – und damit für Europa höchst
relevanten – Entwicklungen, Widersprüche, Konfliktfälle, ja Kriege
bewusst sein und alle Anstrengungen unternehmen, um nicht wieder
verheerende nationalistische Fehlwege zu beschreiten.

Zwar abnehmend, aber immer wieder, hält sich in Österreich
die Meinung, krisenähnliche Vorkommnisse tangieren uns nicht,
wenn sie nur weit genug entfernt sind. In Wirklichkeit lassen wis-
senschaftlicher Fortschritt, Außenwirtschaft und Informationstechnologie die Welt zusammenrücken wie nie zuvor. Gleichzeitig meldet
sich die globale Politik mit ganzer Kraft zurück, sodass wir uns in
der Welt auf Grund diametraler Interessensgegensätze immer weiter
voneinander entfernen. In der multipolaren Welt herrscht wieder das
Recht des Stärkeren. Als eine Auswirkung dessen verändert der Krieg
Russlands gegen die Ukraine die europäische Integration. Auch die

Folgewirkungen der Kriegsverbrechen in Nahost am 7. Oktober 2023 und danach werden dramatisch sein, sind aber zu der Zeit, in der diese Zeilen geschrieben werden, noch nicht annähernd abgeschlossen.

Als zusätzlich alarmierend muss man das Aushöhlen der Demokratiekultur in so manchen Staaten der Welt bezeichnen, so sie dort überhaupt je gepflegt worden war. So auch in einzelnen Mitgliedstaaten der Europäischen Union.

Zu anderen Aspekten, die die Politik vor ernst zu nehmende Herausforderungen stellen, gehören die Klimakrise, die großen internationalen Wanderungsbewegungen, die Auswüchse der Informationstechniken, die Kaufkraftverluste in etlichen Volkswirtschaften wie generell der mangelhafte soziale Ausgleich in den Industriegesellschaften.

Verfolgt man die ja äußerst rege Debatte über internationale Politik auf den wichtigen Ebenen der Analyse und der Meinungsbildung, so ist in erster Linie festzustellen: Eine neue Weltordnung – nicht von ungefähr als Weltunordnung gesehen – steht uns mit allen ihren Unwägbarkeiten, Interpretationsvarianten, Herausforderungen, vor allem aber mit großen Aufgaben gegenüber.

Dazu tritt eine Grunderkenntnis wieder einmal in den Vordergrund, nämlich: Die großen, weitreichenden Entscheidungen im Weltgeschehen treffen die großen Staaten. Sie sind die zentralen Akteure.

Die existenziellen Interessen der kleineren bis mittelgroßen Länder sind nur in Gemeinsamkeit wirkungsvoll durchzusetzen. Das ist das Grundprinzip der europäischen Integration.

Gegenwärtig haben die BRICS-Staaten ihre Einflusskreise noch erweitert. Das ist von uns Europäern ernst zu nehmen, ebenso wie ein geeintes Auftreten – bei allem selbstverständlichen Bekenntnis zur traditionellen Partnerschaft – gegenüber den USA.

Es ist in höchstem Grad zu begrüßen, dass sich das vorliegende Buch dem Thema »Europa neu gedacht« widmet. Der »Beitrag eines aktiven Österreichs zu einem starken Europa« muss auch so verstanden werden, dass ein starkes Europa in vollem Eigeninteresse jedes Mitgliedslandes liegt.

Dieses Ziel wird erreicht, wenn Europapolitik »zu Hause« beginnt. Als unverzichtbarer Teil der (Innen)politik. Dazu ist aber zu fordern, dass die Staats- und Regierungschefs ihre europapolitische Verantwortung engagiert wahrnehmen, ihren politischen Stellenwert einbringen und sich für europäische Lösungen einsetzen.

Die bisweilen von Regierungschefs und -mitgliedern geübte Praxis, die Europäische Kommission gewähren zu lassen, sie aber nachträglich zu kritisieren, trägt nicht zur Schlagkraft der Union in gesamteuropäischen Fragen bei, entspricht nicht der politischen Verantwortung, die ihnen von der heimischen Bevölkerung übertragen wurde und fördert überflüssigerweise den Ärger der Bürgerinnen und Bürger über das immer wieder strapazierte vermeintliche »Bürokratiemonster« in Brüssel.

Europa – also wir alle – wird nachdrückliches Engagement aller Regierungen benötigen, wenn es darum geht, die Union bereit für die Aufgaben der Zukunft zu machen, zum Beispiel, unsere Nachbarn zu unterstützen bei ihrem Bestreben, Teil der EU zu werden. Dabei wird, wie vor 20 Jahren, im Mai 2004, ein politischer Kraftakt bevorstehen, der positives Grundverständnis und den notwendigen Realismus erfordert. Ein langer steiniger Weg wird nicht mit einem kurzen Schönwetterspaziergang zurückzulegen sein.

»Gemeinsam statt einsam« – das Motto der österreichischen Volksabstimmung über den EU–Beitritt gilt weiter und womöglich noch stärker als je zuvor.

Erbringen wir also unseren Beitrag, die europäische Integration mit zukunftsweisenden Ideen und sichtbarem Mehrwert mitzugestalten.

Wir werden daraus selbst den größten Nutzen ziehen.

EIN AKTIVES, EUROPÄISCHES ÖSTERREICH

Paul Schmidt

Vor 30 Jahren, am 12. Juni 1994, entschieden sich zwei Drittel der Bevölkerung für den Beitritt Österreichs zur Europäischen Union. Die gemeinsamen Anstrengungen, das Land ein Stück weiter ins Zentrum Europas zu rücken, waren enorm. Die hohe Wahlbeteiligung, sie lag damals über 80 Prozent, war Ausdruck der Wichtigkeit dieser Entscheidung. Obwohl Kritik an der Europäischen Union, die nicht selten als Blitzableiter fungieren muss, weit verbreitet ist, stehen damals wie heute zwei von drei Österreicherinnen und Österreichern fest hinter der EU-Mitgliedschaft unseres Landes. Damals wie heute ist auch die Europäische Union gefordert, sich neuen Gegebenheiten anzupassen und vielfältige Krisen simultan zu managen. Sie ist dabei nicht immer effizient, alles andere als perfekt, aber alleine können Nationalstaaten den großen Herausforderungen unserer Zeit schon lange nicht mehr auf Augenhöhe begegnen.

Es ist daher letztlich die Frage des Wie und nicht des Ob, welche die Menschen heute bewegt. Wie kann die Europäische Union im Zusammenspiel ihrer Mitglieder handlungsfähiger werden? Wie muss eine Europäische Union aufgestellt sein, um den hohen Ansprüchen an sie gerecht zu werden und Probleme lösen zu können? In welcher Form soll sich die Europäische Union weiterentwickeln? Auf all dies Antworten zu finden, wird immer dringlicher, denn auch das aktuelle Umfeld wird spürbar komplexer: Der russische Angriff auf die Ukraine bringt Leid und Zerstörung in unserer unmittelbaren Nachbarschaft, fordert unsere Solidarität und stellt die europäische Sicherheitsordnung auf den Kopf. Die Situation im Nahen

Osten zeigt die dringende Notwendigkeit auf, klare Positionen zu finden und durchzusetzen sowie Antisemitismus auf allen Ebenen zu bekämpfen. Der Klimawandel zwingt zu raschem und weitreichendem Handeln, während die Europäische Union ihre internationale Wettbewerbsfähigkeit erhalten und die Digitalisierung besser nützen will. Der Umgang mit Migration und dem Schutz der Außengrenzen verlangt nach einer gemeinsamen und ganzheitlichen Asyl- und Migrationspolitik. Die Einflussnahme externer Akteure wird offensiver, Rechtsstaatlichkeit und Grundwerte geraten unter Druck. Nach wie vor gilt es, die richtigen gesundheitspolitischen, wirtschaftlichen und sozialen Lehren aus der Corona-Pandemie zu ziehen und auch umzusetzen. Und schließlich reicht es nicht, die demographische Entwicklung und die Veränderungen in der Arbeitswelt nur zu beobachten, beides gilt es proaktiv zu gestalten.

Ob sie will oder nicht, ob sie schon bereit ist oder nicht, die Europäische Union ist heute gefordert, sich weltpolitisch eindeutig zu positionieren, gemeinsam und stark aufzutreten und dabei ihren Werten treu zu bleiben. Sie muss ihr liberales, demokratisches Gesellschaftssystem krisenfest machen, sich international emanzipieren und der Welt insgesamt ein überzeugendes und faires Angebot legen. In Zeiten großer Umbrüche muss sie sich verändern, um zu bestehen. Muss auch sie sich reformieren, um sich erfolgreich erweitern zu können.

Welchen Beitrag und Mehrwert kann und soll dabei Österreich leisten? Viele Expertinnen und Experten, die sich mit europäischen Entwicklungen beschäftigen, widmen sich bevorzugt der Frage, wie sich Europa neu aufstellen sollte und weniger, wie sich einzelne Mitgliedstaaten, wie etwa Österreich, einbringen könnten, um Europa insgesamt besser zu machen. Dabei stehen jedoch gerade die Stimmen und Positionen der 27 Mitglieder stets im Zentrum der europäischen Entscheidungsfindung. Ohne ihr Zutun, ohne ihren Einsatz, gibt es keine Bewegung.

Die Fragilität Österreichs in einer Phase der geopolitischen Verschiebung akzentuiert sich. Es ist daher alles andere als egal, was um uns herum passiert. Wenn sich die Welt weiterdreht, kann auch bei uns nicht alles beim selben bleiben. In Zeiten des Wandels reicht es nicht, lediglich passiver Beobachter zu sein. Auch Österreich muss sich den rasanten und einschneidenden Entwicklungen um uns herum stellen. Als Mitglied der EU hat es dabei die Möglichkeit, wenn es denn will, diese als engagierter Akteur mit guten Argumenten und Lösungsvorschlägen – und im Zusammenspiel der EU-27 – entscheidend zu beeinflussen. Es sind diese Gelegenheiten, die das Land nützen sollte, indem es sich vorausschauend und konstruktiv in prioritäre Diskussionen einbringt. Dafür braucht es, neben ausreichend Ressourcen, vor allem innovative Ideen und eine potentielle Neudefinition unserer kurz-, mittel- und langfristigen europapolitischen Schwerpunkte. Statt so mancher Ablehnung, Zögerlichkeit und Ängstlichkeit einen optimistischen und mutigen, Chancen und Perspektiven betonenden, alle Teile der Gesellschaft umfassenden Ideenwettstreit. Eine politische Führung, die diesen nicht nur zulässt, sondern dazu einlädt, die den Meinungspluralismus fördert und praktikable Vorschläge umsetzt, und sich nicht in falsch verstandener Zurückhaltung übt.

Das vorliegende Buch ist der Versuch, an diesem Rad zu drehen. Es ist ein Buch, in dem spannende Autorinnen und Autoren aus den unterschiedlichsten Bereichen mit vielen interessanten Ideen aufzeigen, wie Österreich die europäische Integration mitgestalten und wo unser Land einen sichtbaren Mehrwert einbringen könnte. Die vielfältigen Anregungen reichen dabei von einem Grünen Deal, der auch ein soziales Europa voranbringt, über neue Ansätze der Industriepolitik, Mikroelektronik und digitale Lösungen, bis hin zu Impulsen für den Arbeitsmarkt sowie der Finanz- und Geldpolitik. Die Ausgestaltung der internationalen Rolle Österreichs steht ebenso im Fokus des Bandes wie jene im Fall einer künftigen EU-Erweiterung.

Nicht zuletzt widmen sich die Beiträge der Frage, wie unser Land im Bereich der Migration, dem internationalen Recht und der Medienfreiheit positive Akzente setzen kann.

All diese Themen – und einige mehr – werden auf den folgenden Seiten, teils durchaus kontroversiell, diskutiert und um Handlungsempfehlungen ergänzt.

Sie sind es allesamt wert weitergedacht zu werden, mit dem Ziel eines offenen, europäischen Diskurses und schließlich eines europäischeren Österreichs, das als starker Partner die Zukunft Europas prägt.

Ein großer Dank gebührt an dieser Stelle allen Autorinnen und Autoren für ihr Engagement sowie Bundeskanzler a. D. Franz Vranitzky, der als maßgeblicher Gestalter und Zeitzeuge des EU-Beitritts ein Vorwort zu unserer Publikation beigetragen hat, und zu guter Letzt Stefan Schaller, der die einzelnen Artikel redigiert und koordiniert hat und ohne dessen Zutun Sie dieses Buch jetzt nicht in Händen halten würden.

Den Leserinnen und Lesern wünsche ich eine anregende Lektüre!

Paul Schmidt
Generalsekretär
Österreichische Gesellschaft für Europapolitik

DEN GRÜNEN DEAL MIT EINEM NEUEN SCHUB FÜR EIN STARKES SOZIALES EUROPA VERBINDEN

Renate Anderl

Die Europäische Union steht heute vor einer Vielzahl großer Herausforderungen, die sich unmittelbar auf die Arbeitnehmerinnen und Arbeitnehmer auswirken. Das gilt vor allem auch für die Klimakrise, die wesentlich schneller voranschreitet als ursprünglich angenommen und mit enormen ökonomischen und sozialen Kosten verbunden ist. Hitze, Dürre, Waldbrände, Stürme und Überflutungen in vielen Teilen Europas und weltweit haben uns im letzten Sommer erneut vor Augen geführt, wie ernst die Lage mittlerweile ist. Wir müssen klar erkennen: Nur mit einer radikalen Neuausrichtung unserer Wirtschaft können wir unsere Lebensgrundlagen und die der nachfolgenden Generationen sichern. Aber diese Neuausrichtung muss sozial gerecht sein.

Mit dem Grünen Deal stellt sich die Europäische Union der Herausforderung der Klimakrise und hat als erste wichtige globale Akteurin den Weg zur Klimaneutralität bis 2050 eingeschlagen. Dass das keine rein symbolische Ankündigung ist, zeigen die vielen konkreten Maßnahmen in zahlreichen Politikbereichen. Mittlerweile haben die weltweit größten Emittenten von Treibhausgasen wie die USA, China und Indien erstmals nationale Klimaneutralitätsziele festgelegt. Wir wissen, dass das noch nicht reicht, um die Vorgaben des Pariser Klimaabkommens zu erfüllen, und es noch viel ehrgeizigerer Maßnahmen bedarf. Aber der Hebel in Richtung Klimaneutralität ist umgelegt. Und das wäre ohne die Europäische

Union nicht möglich gewesen. Das zeigt, was ein starkes, geeintes Europa schaffen kann.

Dieses Engagement und diese Dynamik brauchen wir jetzt auch für das soziale Europa. Eine progressive Politik zur Bewältigung der Klimakrise muss die soziale Frage viel stärker als bisher in den Blick nehmen. Die Bekämpfung des hohen Ausmaßes an prekärer Arbeit in Europa und der wachsenden Kluft zwischen Arm und Reich in vielen EU-Staaten muss ebenso im Fokus der Politik stehen wie die Bewältigung der Klimakrise. Für die von der Transformation betroffenen Beschäftigtengruppen sind umfassende Unterstützungsmaßnahmen erforderlich, um durch Qualifizierung und Weiterbildung neue berufliche Perspektiven zu erschließen und durch eine adäquate Einkommenssicherung Umqualifizierungen zu ermöglichen. Nur dann werden die Bürger:innen auch in Zukunft die notwendigen klimapolitischen Maßnahmen mittragen.

Vor diesem Hintergrund sollte Österreich aktiv dazu beitragen, einen neuen Schub für ein starkes soziales Europa zu initiieren: Der Grüne Deal muss in enger Zusammenarbeit mit den Sozialpartnern zu einem Sozialen Grünen Deal ausgebaut werden!

Was heißt das konkret? Zunächst einmal ist festzuhalten, dass in der aktuellen Konstruktion der Europäischen Union die Mitgliedstaaten weiterhin die primäre Verantwortung für Beschäftigung, Wohlstand und soziale Sicherheit tragen. Bei der Ausübung dieser Verantwortung stoßen sie jedoch auf die Schranken des EU-Rechts insbesondere in Form restriktiver EU-Fiskalregeln, die ihren Spielraum für eine wohlstandsorientierte Politik massiv einschränken. Es ist offensichtlich, dass es dringend einer Kehrtwende in der wirtschaftspolitischen Steuerung der EU bedarf. Der Stabilitäts- und Wachstumspakt muss grundlegend reformiert werden, sodass die Mitgliedstaaten ausreichend Spielraum für soziale und grüne Investitionen erlangen. Schließlich gilt für die Klimakrise und die soziale Frage gleichermaßen: Die Kosten des Nicht-Handelns sind immens hoch!

Was könnten weitere Elemente eines Sozialen Grünen Deals sein? An dieser Stelle können nur einige aufgegriffen werden, die von der österreichischen Bundesregierung – und vielen weiteren Akteur:innen – auf europäischer Ebene forciert werden sollten:

Im Rahmen einer auf europäischer Ebene verankerten und finanzierten Arbeitsplatzgarantie für Langzeitarbeitslose können neue Arbeitsplätze mit fairer Entlohnung und guten Arbeitsbedingungen im öffentlichen Sektor, in staatsnahen Unternehmen oder in spezialisierten sozialökonomischen Betrieben geschaffen werden. Damit würden Menschen unterstützt, die auf dem Arbeitsmarkt oft kaum mehr eine Chance erhalten. Ein besonderer Fokus sollte dabei auf die grüne Transformation und den Ausbau der sozialen Infrastruktur (Bildung, Pflege, Soziale Arbeit etc.) gelegt werden.

Die europäische Säule sozialer Rechte sollte durch ein neues soziales Aktionsprogramm gestärkt werden, um substanzielle Schritte in Richtung sozialen Fortschritts zu setzen. Notwendig sind ambitionierte EU-weite soziale Mindeststandards bei den einzelstaatlichen Arbeitslosenversicherungen und Mindestsicherungssystemen, die für angemessenen sozialen Schutz sorgen und Armut wirksam verhindern. Auch in weiteren Bereichen müssen Mindeststandards geschaffen werden, wie etwa bei den Arbeitsbedingungen der Gesundheitsberufe und der Personenbetreuung, in Bezug auf den Schutz der Arbeitnehmer:innen vor mobilitätshemmenden und unfairen Vertragsklauseln sowie zum Einsatz von Künstlicher Intelligenz (KI) in der Arbeitswelt.

Für viele Menschen ist die Transformation in Richtung einer klimaneutralen Wirtschaft mit Unsicherheit und Zukunftsängsten verbunden. Der damit einhergehende Strukturwandel führt zu Arbeitsplatzverlusten in einigen Bereichen, gleichzeitig schafft er neue Beschäftigung in den Zukunftsbranchen, aber auch in traditionellen Sektoren wie der Bauwirtschaft (thermische und energetische Gebäudesanierung etc.). Dazu sind Arbeitnehmer:innen mit entsprechenden Kompetenzen nötig. Im Rahmen des Grünen Deals wird diese Herausforderung weitgehend anerkannt und es gibt auch zahlreiche Initiativen (zum Beispiel die Empfehlung des Rates zur Sicherstellung eines gerechten Übergangs zu Klimaneutralität) und Unterstützung aus verschiedenen EU-Fonds. Was fehlt, sind konkrete Rechtsansprüche auf Aus- und Weiterbildung. Für arbeitssuchende Menschen muss ein EU-weites Recht auf Zugang zu geeigneten Aus- und Weiterbildungen in Kombination mit einer existenzsichernden finanziellen Absicherung verankert werden, um Menschen zu ermöglichen, sich für zukunftsfähige Berufe zu qualifizieren. Für Beschäftigte müssen Rechtsansprüche auf ein Mindestmaß an Weiterbildung während der Arbeitszeit und auf bezahlte Bildungskarenz auf EU-Ebene verankert werden. Gleichzeitig müssen Unternehmen in die Pflicht genommen werden, in ihre Beschäftigten und deren Kompetenzen zu investieren.

Die amtierende Kommissionspräsidentin hat in ihrer letzten Rede zur Lage der Union einen wichtigen Satz formuliert: »Die Zukunft Europas wird mit und von unseren Sozialpartnern aufgebaut«. Nehmen wir diesen Satz ernst und interpretieren wir ihn als klaren Auftrag, gemeinsam mit den Sozialpartnern den Startschuss für die Ausarbeitung eines »Sozialen Grünen Deals« zu geben! Österreich sollte sich dafür stark machen.

Renate Anderl ist seit 2018 Präsidentin der Arbeiterkammer Wien und der Bundesarbeitskammer. Von 2014 bis 2018 war sie Vizepräsidentin sowie Frauenvorsitzende des Österreichischen Gewerkschaftsbundes, davor vom Wiener Gemeinderat und Landtag entsandtes Mitglied des österreichischen Bundesrats. Seit ihrer Jugend setzt sie sich für Gerechtigkeit in der Arbeitswelt ein.

EINE MUTIGE KAPITALMARKTUNION – WIRTSCHAFTLICHER GAMECHANGER FÜR ÖSTERREICH UND DIE CEE-REGION

Willi Cernko

Auch leidenschaftliche Optimist:innen können es nicht übersehen: Es befindet sich Sand im Getriebe des europäischen Wirtschaftsmotors. Richtig ist, dass Europa die Krisen der letzten Jahre gut gemeistert hat. Richtig ist aber auch, dass wir, was Wachstum und Wettbewerbsfähigkeit anbelangt, schon einmal deutlich besser aufgestellt waren. Die EU hat seit 2006 rund 27 Prozent ihres Anteils am weltweiten Wirtschaftswachstum eingebüßt. Um auch künftig den Wohlstand in Europa zu sichern, müssen wir aufpassen, dass wir den Anschluss im globalen Wettlauf der Wirtschaftsmächte nicht verlieren. Gleichzeitig gilt es unsere Wirtschaft auf eine neue Grundlage zu stellen – weg von fossilen Energieträgern, hin zu grünen und digitalen Technologien – grünes Wachstum lautet das Gebot der Stunde. Um das zu schaffen, braucht es nicht nur einen starken politischen Willen, sondern allem voran auch das nötige Geld.

Was das ganz konkret bedeutet: Allein in Österreich müssen wir bis 2030 145 Milliarden Euro an Investitionen mobilisieren, wenn wir bis 2040 tatsächlich klimaneutral sein wollen. Kosten für die erfolgreiche digitale Transformation sind dabei noch gar nicht berücksichtigt. Dass öffentliche Gelder und klassische Bankkredite dafür nicht ausreichen werden, liegt auf der Hand. Wir brauchen daher einen starken und leistungsfähigen Kapitalmarkt, der als Kapitalgeber für Wachstum und Wohlstand fungiert.

Das Problem an der Sache: Schon die EU ist nicht gerade internationaler Musterschüler, was ihren Kapitalmarkt anbelangt und die regionalen Kapitalmärkte in Österreich und der CEE-Region, also den Ländern Zentral- und Osteuropas, hinken noch ein Stück weiter hinterher. Zur Veranschaulichung: Der Anteil der CEE-Region am Aktienmarkt der EU betrug 2022 lediglich 2,3 Prozent. Die EU selbst macht nur 11 Prozent am globalen Aktienmarkt aus. Das ist weit weg von dem, was man aufgrund der wirtschaftlichen Stärke, aber auch des eigenen geopolitischen Anspruchs vermuten würde, speziell wenn man ihn mit dem Anteil der USA vergleicht, der bei 40 Prozent liegt. Dieses Problem wurde in Brüssel längst erkannt und daher bereits im Jahr 2015 ein Projekt aus der Taufe gehoben, mit dem der europäische Kapitalmarkt belebt werden sollte – die Kapitalmarktunion (CMU).

Damit hat man das richtige Thema auf die politische Tagesordnung gesetzt. Ein wichtiger Impulsgeber war dabei das CMU High Level Forum – in dem auch Österreich durch die Erste Group vertreten war – und dessen Empfehlungen im CMU Aktionsplan 2020 mündeten. Trotz aller Ambitionen ist bisher aber leider wenig wirklich Zählbares herausgekommen. Dank verbesserter regulatorischer Rahmenbedingungen konnten Europas Kapitalmärkte seit dem Start der Kapitalmarktunion zwar wachsen, im internationalen Vergleich und bei Europas Wohlstandsambitionen ist das aber bei weitem nicht ausreichend. Es braucht mutige Schritte, um die Kapitalmarktunion zum echten Gamechanger zu machen. Wir müssen daher endlich das nötige politische Momentum für einen starken und tiefen europäischen Kapitalmarkt erzeugen!

Notwendig ist in einem ersten Schritt ein klares Commitment aller EU-Länder. Eine reine politische Absichtserklärung, wie es sie schon viele Male gegeben hat, reicht dabei aber keinesfalls aus. Stattdessen sollten sich die Mitgliedstaaten auf einen konkreten Fahrplan einigen, in dem Meilensteine auf dem Weg zur Verwirklichung der Kapitalmarktunion festgelegt werden. Mit dem Delors-Plan wurde bei dem bislang erfolgreichsten EU-Unterfangen, der Währungsunion, ein ähnlicher Weg beschritten. In einem solchen Fahrplan sollten auch heikle Themen, wie die uneinheitlichen nationalen Regeln zur Besteuerung von Kapitalerträgen oder die langfristige Absicherung der Pensionssysteme durch eine kapitalbasierte Komponente angegangen werden.

Auch wenn eine gemeinschaftliche Lösung auf EU-Ebene dabei immer das oberste Ziel bleiben muss, sollten auch regionale oder nationale Maßnahmen in Betracht gezogen werden. Dort wo der gute politische Wille an die Grenzen der EU-Verträge stößt, muss darüber nachgedacht werden, welche alternativen Mittel und Wege zur Verfügung stehen, um Europas Kapitalmärkte mutig voranzutreiben. Das können auch Initiativen auf Ebene der Mitgliedstaaten sein, die wiederum als Best Practices für den Rest der EU dienen. Ein Mechanismus, mit dem die Entwicklung der nationalen Kapitalmärkte – ähnlich dem European Innovation Scoreboard – miteinander verglichen wird, könnte dabei als Triebfeder fungieren. Österreich hätte auch die besten Voraussetzungen, um als Vorbild für die gesamte EU zu fungieren, denn die Bundesregierung hat sich in ihrem Regierungsprogramm in Sachen Kapitalmarkt einiges vorgenommen. Wenn Österreich mit gutem Beispiel vorangehen möchte, gilt es diese Maßnahmen allerdings auch tatsächlich umzusetzen.

Aufgrund der besonderen regionalen, aber vor allem wirtschaftlichen Verflechtung mit der CEE-Region wäre es im ureigenen Interesse unseres Landes, hier ganz klar Flagge zu zeigen. Österreich würde somit von der Kapitalmarktunion gleich doppelt profitieren. Denn was die CEE-Region stark macht, macht auch Österreich stark und umgekehrt.

Mit den Europawahlen im Juni 2024 ist mit neuem politischen Wind auf EU-Ebene zu rechnen. Österreich sollte diese Dynamik nutzen und sich für die Verabschiedung eines konkreten Fahrplans zur Verwirklichung der Kapitalmarktunion einsetzen. Um dem

Thema entsprechendes politisches Gewicht zu verleihen, sollte die Initiative auf Ebene des Europäischen Rates angesetzt werden. Letztendlich würde das Österreich und der gesamten CEE-Region einen wirtschaftlichen – aber auch gesellschaftlichen – Boost verleihen.

Willi Cernko ist seit 1. Juli 2022 CEO der Erste Group. Von 2019 bis 2022 war er Firmenkundenvorstand der Erste Bank Oesterreich und von 2017 bis 2019 Vorstandsmitglied in der Erste Group. Bevor er zur Erste wechselte, war er CEO der UniCredit Bank Austria AG und über 20 Jahre in vielen verschiedenen Managementfunktionen in der Bank Austria, in der HypoVereinsbank und in der UniCredit Group tätig. Seit September 2022 ist Cernko auch Obmann der Bundessparte Bank und Versicherung in der WKÖ.

GREEN DEAL: ÖSTERREICHS SCHLÜSSELROLLE BEI DER ÖKOLOGISIERUNG EUROPAS

Alexander Egit

Der European Green Deal und die Transformation, die er auslösen soll, sind in ihrer Tragweite mit der Industriellen Revolution vergleichbar. Doch beim Green Deal kommt massiver Zeitdruck hinzu: Die eskalierende Klima- und Artenkrise machen schnelle und mutige politische Maßnahmen unumgänglich: Netto CO_2-Neutralität bis 2050 und die Entkopplung der wirtschaftlichen Entwicklung vom Ressourcenverbrauch sind echte Gamechanger und bedeuten den kompletten Umbau ganzer wirtschaftlicher Sektoren.

Ende 2019 wurde das Konzept von der Europäischen Kommission vorgestellt, 2020 der Green Deal beschlossen. Die Bilanz nach knapp vier Jahren fällt gemischt aus. Manche Aspekte des European Green Deal sind Erfolgsgeschichten. Ein Beispiel dafür ist das 2023 beschlossene EU-Waldschutzgesetz. Dieses Gesetz soll künftig verhindern, dass Produkte wie Soja, Palmöl oder Rindfleisch aus Waldzerstörung auf dem EU-Markt landen. Bei anderen Initiativen, wie dem Ausstieg aus Verbrennermotoren, gelang es der Automobilindustrie, Regelungen deutlich abzuschwächen und zu verzögern. Eines der Kernstücke des Green Deals – das »Nature Restoration Law« – wurde unerwartet zu einer politischen Kampfzone. Die Europäische Volkspartei (EPP) unter ihrem Vorsitzenden Manfred Weber stellte sich offen gegen die Kommission unter seiner Parteifreundin Ursula von der Leyen. Die Abstimmung im Europaparlament konnte nur knapp gewonnen werden, da sich einige EPP-Abgeordnete für ihr Gewissen und gegen Webers Kurs entschieden haben.

Doch seit den letzten EU-Wahlen im Jahr 2019 und dem Beschluss des Green Deals hat sich viel geändert. Eine globale Pandemie und der Angriffskrieg Russlands auf die Ukraine haben das politische, gesellschaftliche und wirtschaftliche Gefüge ins Wanken gebracht. Ebenso wirken sich Energiekrise und Inflation drastisch auf die europäischen Staaten aus. Europaweit nutzen vor allem rechtskonservative und rechtsextreme populistische Parteien die volatile Lage und Unsicherheit der Bevölkerung, um Ängste zu schüren und innenpolitische Partikularinteressen voranzutreiben. Gleichzeitig hat Frans Timmermans, einer der wichtigsten Antreiber des Europäischen Green Deals, die europäische Bühne vorläufig verlassen, während Kommissionspräsidentin von der Leyen von ihrer eigenen Partei ausgebremst wird. Nach den Erfolgen der Umweltbewegung in den Jahren 2018 und 2019, die letztlich im Europäischen Green Deal gemündet sind, schlägt das Pendel nun wieder zurück. Als die Staats- und Regierungschefs der EU im Oktober 2023 über die Prioritäten der Europäischen Union für die kommenden Jahre berieten, spielten Umweltthemen kaum mehr eine Rolle. Der Green Deal und somit der Schutz unserer Lebensgrundlagen ist in den politischen Prioritäten weit nach hinten gerutscht.

Das ist ein aus europäischer Sicht lebensgefährlicher Fehler. Es wird keinen Frieden und keinen Wohlstand in Europa geben, wenn ganzen Regionen das Trinkwasser ausgeht – weil in Südeuropa Regenfälle ausbleiben oder in Mitteleuropa die Gletscher verschwinden, deren jährliche Schmelze das Trinkwasser gespendet hat. Oder wenn Flüsse im Sommer so wenig Wasser führen, dass der Transport von Gütern per Schiff kaum möglich ist und großen Industrien das Kühlwasser fehlt. Es wird keinen Frieden und Wohlstand in Europa geben, wenn die europäische Landwirtschaft immer weniger Lebensmittel bereitstellen kann, weil in manchen Regionen die Äcker förmlich verglühen – während in anderen die gesamte Ernte von Fluten weggespült wird. Und es wird keinen Frieden und Wohlstand in Europa geben, wenn durch die Erderhitzung neue Schädlinge und Pflanzenkrankheiten in Europa Fuß fassen und Waldbrände immer häufiger und heftiger ganze Landstriche verwüsten.

Doch so ernst und furchteinflößend diese Szenarien sind, soweit weg scheinen sie vielen Menschen derzeit. Massive Teuerung, Abstiegsängste und die Angst vor Krieg in Europa wirken unmittelbarer und dringender und verdrängen scheinbar abstrakte, fern in der Zukunft liegende Auswirkungen von Klima- und Artenkrise. Umso wichtiger wäre es, dass Politiker:innen weitsichtig agieren und vermitteln, dass all diese Krisen zusammenhängen und nur gemeinsam gelöst werden können. Die Ökologisierung der EU widerspricht nicht einem Leben in Frieden, Wohlstand und Sicherheit, sondern ist ein essenzieller Bestandteil davon. Mehr denn je brauchen wir nun Politiker:innen, die die Zusammenhänge aufzeigen und konsequent für den Europäischen Green Deal einstehen.

Mit dem entsprechenden politischen Willen könnte Österreich dabei eine wichtige Rolle spielen. Aus der Bevölkerung gibt es dafür einen klaren Auftrag. Eine Eurobarometer-Umfrage aus dem Frühling 2023 zeigt, dass sich die große Mehrheit, nämlich 75 Prozent der Österreicher:innen, für mehr Umwelt- und Klimaschutz zum Schutz der öffentlichen Gesundheit ausspricht. Drei Viertel stimmen für mehr Förderungen für den Umstieg auf saubere Energien, 69 Prozent sprechen sich dafür aus, weniger fossile Energien von außerhalb der EU zu importieren. Außerdem ist 67 Prozent der Befragten in Österreich klar, dass die Kosten von Klimaschäden viel höher wären, als die Kosten von Klimaschutzmaßnahmen. Es zeigt sich: Trotz weltweiter Konflikte, trotz Energiekrise und Inflation und all der damit verbundenen Sorgen unterstützt eine breite Bevölkerungsmehrheit Klima- und Umweltschutz. Davon könnten politische Parteien erheblich profitieren.

Nimmt die österreichische Bundesregierung diesen Auftrag an, könnte Österreich auch als vergleichsweise kleiner EU-Staat die Ökologisierung der EU effektiv vorantreiben. Zunächst muss Österreich tatsächlich eine Vorreiterrolle beim Umweltschutz einnehmen, statt sich ständig mit dem Propagandabegriff »Umwelt-Musterland« selbst auf die Schulter zu klopfen. Umweltministerin Leonore Gewessler ging bereits voran und initiierte auf EU-Ebene die »Friends of Renewables«-Gruppe, der inzwischen elf EU-Staaten angehören. Derartige Initiativen dürfen zukünftig nicht nur von einzelnen Regierungsmitgliedern gesetzt werden, sondern müssen von der gesamten Bundesregierung als Staatsräson getragen werden. Ein österreichischer Bundeskanzler sollte auf europäischer Ebene immer und überall als Bundeskanzler des »Umwelt-Vorreiters Österreich« für eine grüne und zukunftsfähige EU und damit natürlich auch für den Europäischen Green Deal eintreten.

Aus historischen und geopolitischen Gründen wäre Österreich prädestiniert für die Rolle des ökologischen Verbinders zwischen West- und Osteuropa. Aber auch diese Rolle hat Österreich nie angenommen: Stets übertrumpfte innenpolitisches Kalkül die Rolle eines transnationalen Vermittlers. So wurde beim Kampf gegen grenznahe Atomkraftwerke primär auf innenpolitisches Kleingeld geschielt, statt entschlossen die notwendige Energietransformation anzuschieben. Dabei könnten sowohl eine weitere Erweiterung der EU als auch der ökologische Wiederaufbau der Ukraine gewaltige Chancen für die leistungsfähige heimische Öko-Industrie bieten. Angesichts der vielfältigen Krisen wäre es nicht nur erfrischend, wenn die Politik mit positiven Zukunftsperspektiven in den Wahlkampf geht, statt das Angstklavier zu bespielen. Tatsächlich können damit auch Wahlen gewonnen werden.

Auch oder gerade weil die Rahmenbedingungen ungünstig sind, sollte die österreichische Bundesregierung die Rettung des Green Deals in den Mittelpunkt ihrer Arbeit 2024 stellen.

Insgesamt ist es wichtig, dass sich die Mitgliedstaaten und damit auch Österreich konsequent für eine Erhöhung des »Minus 55 Prozent-Ziels« zur Einsparung von Treibhausgasen im Vergleich zu 1990 einsetzen. Zuletzt wurde zwar bereits eine Erhöhung auf minus 57 Prozent auf EU-Ebene diskutiert. Österreich sollte jedoch noch weiter gehen und auf ein wirklich faires 2030-Ziel einer Reduktion klimaschädlicher Emissionen in der EU von minus 65 Prozent drängen.

Nach wie vor ist das Fliegen auf der Mehrheit der Strecken in Europa günstiger als das Zugfahren. Das liegt auch an der nach wie vor fehlenden Besteuerung von Kerosin. Auch dies wäre Anlass für Österreich, sich dafür einzusetzen, dass der klimaschädliche Treibstoff endlich im Zuge der Überarbeitung der Richtlinie zur Energiebesteuerung – ein Teil des Fit-For-55 Pakets – besteuert wird.

Die Wahlen zum Europaparlament, die Bildung einer neuen EU-Kommission und deren Programm werden entscheiden, wie und wie schnell Europa ökologisiert wird. Ein entschlossenes Österreich könnte dabei eine Schlüsselrolle spielen.

Alexander Egit ist seit Dezember 2006 Geschäftsführer von Greenpeace in Zentral- und Osteuropa und seit Jänner 2018 Vorstandsvorsitzender von Greenpeace Europa. Er hat den Aufbau von Greenpeace in Mittel- und Osteuropa geleitet und war an der Entwicklung von Greenpeace in China beteiligt. Er hat zahlreiche österreichische und europäische Umweltschutzkampagnen geleitet. Alexander Egit ist diplomierter Politikwissenschaftler.

FÜR GRENZÜBERGREIFENDE REGIONALE FACHKRÄFTESTRATEGIEN

Gabriel Felbermayr

In Europa sind Arbeitskräfte knapp, besonders in den zentralen Industrieregionen. Umfragen des Österreichischen Instituts für Wirtschaftsforschung (WIFO) im Auftrag der EU-Kommission belegen, dass trotz rückläufiger Wirtschaftsleistung im ersten Halbjahr 2023 fast ein Viertel aller befragten Unternehmen aufgrund von Arbeitskräftemangel in der Produktion gehemmt waren; in der Industrie ist der Anteil noch deutlich höher. Aktuell ist zwar, wie in Rezessionen typisch, Nachfragemangel ein wichtigeres Hemmnis. Aber der Trend ist klar: Vor der Wirtschafts- und Finanzkrise 2008/09 waren weniger als 5 Prozent aller Unternehmen durch fehlende Arbeitskräfte gehemmt. In den letzten zehn Jahren war der Anteil regelmäßig dreimal so hoch. In Deutschland zeigen vergleichbare Umfragen noch stärkere Knappheiten an. Und auch in vielen anderen EU-Staaten ist das Bild ähnlich.

Es gibt zahlreiche Gründe für diese Entwicklung. Seit Jahrzehnten sinkt die Arbeitszeit pro Beschäftigungsverhältnis; aktuell liegt sie bei unter 30 Stunden pro Woche. Die Zunahme an Beschäftigungsverhältnissen hatte diesen Effekt lange überkompensiert. Nun wird aber die demographische Entwicklung schlagend. Schon in den letzten Jahren ist eine Schrumpfung der in Österreich ansässigen Bevölkerung nur durch Einwanderung von Ausländer:innen verhindert worden. Aber es funktioniert nicht mehr, Fachkräfte aus den benachbarten Ländern zu holen, weil auch dort die demographischen Reserven erschöpft sind. Neben diesen angebotsseitigen Kräften verstärken auch Verschiebungen auf der Arbeitsnachfrageseite die Knappheiten, denn einige der besonders stark wachsenden Sektoren sind sehr personalintensiv, Gesundheits- oder Freizeitdienstleistungen etwa.

Ohne die realistische Aussicht, offene Stellen mit passenden Arbeitskräften besetzen zu können, investieren Unternehmen nicht in neue Fabriken oder Maschinen, denn solche Investitionen rechnen sich nur, wenn die Anlagen auch mit Personal besetzt werden können, und zwar rund um die Uhr, 365 Tage im Jahr. Der Arbeitskräftemangel ist daher einer von mehreren Gründen, warum im industriellen Kern Europas die Investitionstätigkeit schwach ist. Dies belastet die Konjunktur und die Zukunftsaussichten.

In Österreich gibt es noch Arbeitskräftereserven, die das WIFO auf rund 400.000 Personen schätzt – junge Pensionist:innen, Frauen in Teilzeit, ein zäher Bestand an Langzeitarbeitslosen. Eine Mobilisierung dieser Kräfte ist möglich, kann aber nur temporär helfen. Wir brauchen daher noch mehr Augenmerk auf Qualifizierung und eine neue Einwanderungsstrategie, die Fachkräfte außerhalb Europas identifiziert, weiter ausbildet und verfügbar macht. Auf dem EU-Binnenmarkt müssen solche Strategien allerdings gut koordiniert werden.

Regionen mit besonders akutem Arbeitskräftemangel sind oft Grenzregionen mit derselben Sprache – Niederbayern und das oberösterreichische Innviertel zum Beispiel. Sie sollten gemeinsam auf der Angebotsseite des Arbeitsmarktes tätig werden. In der Europäischen Union herrscht auf dem Arbeitsmarkt Freizügigkeit. Das bedeutet aber auch, dass es grenzüberschreitenden Wettbewerb um Arbeitskräfte gibt. Wettbewerb hat oft eine segensreiche Wirkung, er kann aber auch zu einer Verschärfung einer Problemlage führen.

Angenommen, in einer Region wird öffentliches Geld eingesetzt, um Pflegekräfte auszubilden, die fertigen Arbeitskräfte werden dann aber gleich nach Abschluss der Ausbildung ins Ausland abgeworben.

Oder in einem Arbeitsmarktbezirk werden von Unternehmen, Arbeitsmarktservice und Politik besondere Anstrengungen unternommen, um passende Arbeitskräfte aus Drittstaaten außerhalb Europas zu rekrutieren und auszubilden, sie wandern dann aber bald in das Nachbarland ab. Die Möglichkeit solcher Konstellationen existiert auf beiden Seiten einer Grenze. Die Folge ist, dass nicht genug in aktive Arbeitsmarktpolitik investiert wird, weil einerseits Teile der eingesetzten Mittel auch Unternehmen aus dem Nachbarland zugutekommen, andererseits die berechtigte Hoffnung besteht, auch ohne eigene Investitionen Arbeitskräfte von den Nachbarn abzuwerben.

Damit es nicht zu solchen Situationen kommt, ist es sinnvoll, grenzüberschreitende Kooperationsmodelle zu entwickeln, die den gemeinsamen regionalen Arbeitsmarkt im Blick haben, anstatt in den engen nationalstaatlichen Grenzen zu denken. Wie kann das gelingen?

Zum einen könnte es um gemeinsame Rekrutierungsmaßnahmen im Ausland, vor allem in Drittstaaten gehen. Deutschsprachige Grenzregionen haben ähnliche Bedarfe, suchen nach Qualifikationsprofilen ähnlicher Art und bieten vergleichbare kulturelle Rahmenbedingungen. Oberösterreich, Salzburg und Tirol könnten etwa gemeinsam mit Bayern in den Philippinen auf Suche nach Pflegekräften gehen, diese gemeinsam vor Ort mit einer Grundqualifizierung und Basissprachkompetenzen versorgen, und sie in Europa nach einem gemeinsamen Schema weiter- und fortbilden. In anderen Regionen Europas liegen ähnliche Rahmenbedingungen vor, etwa zwischen Frankreich, Belgien, Luxemburg und der Schweiz. Außerdem kann man Synergien und Kosteneinsparungen bei der Durchführung von Maßnahmen lukrieren, die sonst einzelstaatlich erledigt werden müssten.

Ein zweiter Bereich interregionaler arbeitsmarktpolitischer Kooperation könnte im Bereich der Aus- und Weiterbildungsmaßnahmen beziehungsweise bei Umschulungsmaßnahmen Sinn machen. Diese könnten gepoolt, nach gemeinsamen Standards abgewickelt und gemeinsam finanziert werden, wobei faire Finanzierungsschlüssel gefunden werden müssten.

In beiden Beispielen müssten sich die Regionen auf ein eng koordiniertes Programm einigen, etwa für einen Zeithorizont von fünf Jahren. Entscheidend für den Erfolg einer solchen Kooperation wäre die zentrale Einbindung von Unternehmen, damit die Bedarfe des Arbeitsmarktes auch wirklich bedient werden. Die EU sollte solche Kooperationsmodelle abwickeln, evaluieren und Geld zur Verfügung stellen.

Die Vorteile dieser Maßnahmen liegen auf der Hand: sie sorgen für mehr zielgerichtete arbeitsmarktpolitische Initiativen, die konkret zur Erleichterung der Arbeitskräfteknappheit beitragen. Ihre Umsetzung könnte sogar ohne große nationale oder europäische Gesetzesinitiativen auskommen. Sie kann auf der regionalen Ebene, wo die Probleme auch am konkretesten auftreten, verwirklicht werden. Die Maßnahmen können von der regionalen Ebene auf eine zwischenstaatliche Ebene gehoben werden, wenn dafür politische Bereitschaft vorhanden ist. Sinnvoll wäre dies auf jeden Fall, zum Beispiel bei der aktiven Anwerbung von Fachkräften aus Drittstaaten, für die ein großer deutschsprachiger Arbeitsmarkt höhere Anreize zum Erwerb der Sprache oder zur Mobilität überhaupt bietet als der kleine österreichische. Interregionale Kooperation erfordert keine hohen zusätzlichen Geldmittel, sondern führt insbesondere zur effektiveren Verwendung von bereitstehender Finanzierung. Österreich wäre ein Hauptprofiteur und sollte sich daher für einen EU-weiten Rahmen einsetzen.

Gabriel Felbermayr ist seit Oktober 2021 Direktor des Österreichischen Instituts für Wirtschaftsforschung (WIFO) in Wien. Gleichzeitig ist er Professor für Wirtschaftspolitik an der Wirtschaftsuniversität Wien. Davor war er Präsident des Instituts für Weltwirtschaft, Direktor des ifo Zentrums für

Außenwirtschaft und Professor an der Ludwig-Maximilians-Universität München. Er ist unter anderem Vorsitzender des Statistikrates Österreich und Mitglied des wissenschaftlichen Beirats im deutschen Wirtschaftsministerium.

ÖSTERREICH UND DER SÜDKAUKASUS: IST FRIEDEN ZWISCHEN ARMENIEN UND ASERBAIDSCHAN MÖGLICH?

Stephanie Fenkart

Während der zweite Krieg um Bergkarabach zwischen Armenien und Aserbaidschan im Jahr 2020 noch relativ viel mediale Aufmerksamkeit im Westen erhielt, schien dieser seit dem völkerrechtswidrigen Angriff Russlands auf die Ukraine weitestgehend aus der öffentlichen Wahrnehmung verschwunden. Am 19. September 2023 startete Aserbaidschan eine erneute Militäraktion in Bergkarabach, die mit der Kapitulation der armenischen Führung in Karabach endete, einen Massenexodus der dort lebenden autochthonen Armenier:innen zur Folge hatte und zur Reintegration der Region in aserbaidschanisches Staatsgebiet führte.

Im Jahr 2009 hat die Europäische Union die östliche Partnerschaft mit sechs ehemaligen Sowjetrepubliken (Armenien, Aserbaidschan, Georgien, Ukraine, Moldau sowie Belarus) ins Leben gerufen. Vorausgegangen war dem die Erkenntnis, dass Europa nur dann sicher sein kann, wenn auch die europäische Nachbarschaft stabil ist. Dies soll vor allem durch wirtschaftliche Kooperation und politische Assoziierung erfolgen. Während die Ukraine, Moldau und wohl auch Georgien ihre Zukunft in EU und NATO sehen, ist dies derzeit für Armenien und Aserbaidschan nicht in Sicht. Umso bedeutender wäre ein Friedensabkommen zwischen den beiden Ländern, das aber wohl nur dann zu Stabilität führen wird, wenn es von allen Beteiligten auch als nachhaltig und gerecht wahrgenommen wird.

Kaum eine geographische Region befindet sich in einer so schwierigen geopolitischen Lage wie der Südkaukaukasus. Russland stellt in den ehemaligen Sowjetrepubliken Interessensansprüche. Das Verhältnis zwischen Armenien und der Türkei ist aufgrund des Genozids an den Armeniern während der Herrschaft des Osmanischen Reichs schwer belastet. Im Süden Armeniens und Aserbaidschans befindet sich der Iran, Georgien und Aserbaidschan grenzen im Norden an Russland.

Die klare Position der Europäischen Union gegenüber dem völkerrechtswidrigen Krieg Russlands, aber auch unterschiedliche Interessen der Mitgliedstaaten, schränken deren Handlungsspielraum im Südkaukasus, und speziell im armenisch-aserbaidschanischen Konflikt, ein. Dasselbe gilt für die USA. Auch die Türkei kann durch ihre Allianz und Kooperation mit Aserbaidschan nicht als *honest broker* wahrgenommen werden, während Russland, das auf dem Papier als militärische Schutzmacht Armeniens gilt, mittlerweile eine ambivalente Rolle in der Region einnimmt. Da die europäische Nachbarschaft für die Sicherheit der EU angesichts des Scheiterns der europäischen Sicherheitsarchitektur seit Februar 2022 womöglich noch größere Relevanz erhalten hat, stellt sich die Frage, ob nicht das neutrale Österreich eine gewisse Vermittlerrolle einnehmen könnte.

Nicht zuletzt seit dem Kalten Krieg und später der Kanzlerschaft Bruno Kreiskys verweist Österreich in seinen außenpolitischen Bemühungen immer wieder auf seine positive Rolle als Vermittler zwischen Konfliktparteien. Während die österreichische Neutralität innerhalb der EU seit dem russischen Krieg gegen die Ukraine kontrovers wahrgenommen wird, könnte sie aber auf die Beziehung zwischen Jerewan und Baku durchaus positiv wirken. Vordringliches Ziel wäre dabei, vor allem einer erneuten Eskalation entgegenzuwirken. Hintergrund sind Aussagen des aserbaidschanischen Präsidenten Aliyev, der Armenien kürzlich als West-Aserbaidschan bezeichnete.

Angesichts der geopolitischen Akteure, die in der Region aktiv sind, könnte Österreich, als neutrales Land, eine Nischenfunktion in der zivilen Konfliktbearbeitung zukommen. Weder verfügt

Österreich, wie beispielsweise Frankreich, über eine nennenswerte armenische Minderheit, noch ist es Teil der NATO, was insbesondere für Russland, aber auch den Iran problematisch wäre.

Der jahrzehnteandauernde Konflikt im Südkaukasus ist höchst emotionalisiert und beide Seiten sehen sich vor allem als Opfer von Verbrechen, Zerstörung und Vertreibung. Die Hauptschuld trägt dabei jeweils der andere. Insbesondere Aserbaidschan führt die 600.000 bis 800.000 intern Vertriebenen aus dem ersten Bergkarabach-Krieg zu Beginn der 1990er immer wieder ins Treffen und wirft dem Westen vor, deren Rechte nie ernst genommen zu haben. Aber auch Armenien bezieht sich auf historische Vertreibungen und Kriegsverbrechen an ethnischen Armenier:innen und verweist auf die Massenflucht nahezu aller Armenier:innen aus Bergkarabach im September 2023. Wobei es fraglich ist, ob und wie viele von ihnen überhaupt in die nun in Aserbaidschan re-integrierte Region zurückkehren werden.

Die neu geschaffene Mediationsfazilität im österreichischen Außenministerium könnte als Mittel genutzt werden, Dialogprozesse über die Vergangenheit und Zukunft des Nebeneinanderlebens und im besten Fall Zusammenlebens beider Völker zu initiieren.

Um in einem solchen Prozess aber auch glaubwürdig zu begleiten, sollte Österreich vermehrt in Expertise für außenpolitische Bereiche generell und für den Südkaukasus im Speziellen investieren. So gibt es hierzulande lediglich eine Handvoll Expert:innen, die sich mit dem Thema intensiv auseinandersetzen. In Armenien verfügt Österreich zudem nicht einmal über eine ständige Auslandsvertretung. Der im letzten Regierungsprogramm vorgesehene Zivile Friedensdienst wäre ein zusätzliches Tool, um der zivilen Konfliktbearbeitung neues Leben einzuhauchen und zumindest auf lokaler Ebene einen Beitrag zu friedlichem Zusammenleben, auch über Grenzen hinweg, zu unterstützen.

Um einen langfristigen gerechten und stabilen Frieden zu fördern, könnte sich Österreich zudem in Zusammenarbeit mit anderen internationalen Partnern für die Einsetzung einer Wahrheits- und Versöhnungskommission nach südafrikanischem Vorbild für die Aufarbeitung von Kriegsverbrechen aller Seiten stark machen.

Ein zunehmendes österreichisches Engagement könnte schließlich auch die zivile EU-Mission auf der armenischen Seite der Grenze unterstützen. Die im Jänner 2023 beschlossene EUAM hat vorerst ein zweijähriges Mandat und soll zu Stabilität in den Grenzgebieten Armeniens beitragen, Vertrauen und Sicherheit für die Menschen in den von Konflikten betroffenen Gebieten aufbauen und zur Normalisierung der Beziehungen zwischen Armenien und Aserbaidschan beitragen. Um größtmögliche Legitimität zu erreichen, gilt aber auch hier, alle Seiten in Vorbereitungsgespräche und Dialogprozesse einzubeziehen. Wien als internationaler Verhandlungsort und Sitz zahlreicher internationaler Organisationen bietet sich hierfür an und das Nuklearabkommen mit dem Iran, das teilweise in Österreich verhandelt wurde, hat zumindest gezeigt, dass es auch mit schwierigen Partnern möglich sein kann, Erfolge zu erzielen. Österreich könnte daher versuchen, sich aktiv als Verhandlungsort für Friedensgespräche anzubieten.

Es sind viele kleine Schritte, die eine langfristige Lösung ermöglichen können. Um ein glaubwürdiger Vermittler zu sein, ist es aber unabdingbar, sich neutral gegenüber den Akteuren zu verhalten. Internationales Recht und humanitäres Völkerrecht gilt es immer zu achten und auf Verletzungen – egal von welcher Seite – aufmerksam zu machen. Angesichts der neueren Entwicklungen auch im Nahen Osten und des zunehmenden Vorwurfs vieler nicht-westlicher Länder, internationales Völkerrecht nur dann zu berücksichtigen, wenn es dem eigenen Interesse dient, ist es von besonderer Bedeutung, die Glaubwürdigkeit internationalen Rechts zu festigen beziehungsweise wiederherzustellen. Sich auch in Friedenszeiten für politische Lösungen von Konflikten einzusetzen, ist daher insbesondere für neutrale Staaten geboten.

Während die Vergangenheit wichtig ist, gibt es dennoch eine Zukunft und auch wenn Kompromisse mitunter als schmerzhaft wahrgenommen werden, können sie doch zu einer Situation führen, bei der alle Parteien Vorteile erzielen.

Stephanie Fenkart ist Direktorin des International Institute for Peace (IIP), Vorstandsmitglied des NGO Committee on Peace, Vorstandsmitglied des Balkan-Forums in Pristina und Mitglied des Strategie- und Sicherheitspolitischen Beirats der Wissenschaftskommission des österreichischen Bundesheers (BMLV).

MEDIENFREIHEIT IN DER EU: TIME FOR ACTION

Gerda Füricht-Fiegl

Wenn der deutsche Sozialwissenschaftler Niklas Luhmann schon in den 1970-er Jahren sagte, dass all das, was wir über unsere Gesellschaft wissen, wir aus den Massenmedien wissen, so ist dem auch heute noch grundsätzlich zuzustimmen. Auch wenn gleichzeitig das Vertrauen der Bevölkerung in die Medien sinkt und sich das Mediensystem seit den 1970er-Jahren deutlich gewandelt hat: Informationen über – in diesem Fall – europäische Politik beziehen die Bürger:innen in den 27 EU-Mitgliedstaaten zu einem überwiegenden Teil immer noch aus den Massenmedien. Vor allem tun sie das aus dem Fernsehen, das in einer Eurobarometer-Umfrage aus 2022 mit 55 Prozent als erste Informationsquelle genannt wird, gefolgt von Online-Quellen wie Informations-Websites, Online-Medien und sozialen Medien mit immerhin 28 Prozent und erst auf Platz drei aus Printmedien (7 Prozent) oder Radio (6 Prozent).

Das Mediensystem in liberalen Demokratien hat sich allerdings durch die zunehmende Nutzung von Online- und sozialen Medien zu einem hybriden Mediensystem gewandelt. Das bedeutet, dass zwar die Massenmedien, und hier vor allem das Fernsehen, immer noch die Nase vorn haben, wenn es darum geht, Themen zu setzen, die in der Bevölkerung diskutiert werden. Es bedeutet aber auch, dass in diesem Feld den sozialen und Online-Medien eine immer bedeutendere Rolle zukommt – vor allem in der jungen Zielgruppe. Es kommt zu einem verstärkten Kampf um die Aufmerksamkeit der Mediennutzer:innen, was häufig zu einer Zuspitzung in den

Formulierungen, zu einer Vereinfachung von Inhalten, zu Fake News und zu einer Verrohung der Sprache und folglich des Diskurses führt.

Das ist nur eine, wenn auch zentrale Perspektive aus einem Pool an Veränderungen der Situation von Massenmedien und folglich des öffentlichen Diskurses in der EU. Neben ihrem Beitrag zur Schaffung öffentlicher Meinung kommt den Medien aber auch die Kontrollfunktion zu. Journalist:innen sind es, die politischen Entscheidungsträger:innen auf die Finger schauen und gegebenenfalls Missstände aufdecken. Sie bilden damit die oft zitierte vierte Gewalt im Staat. Es ist daher unumgänglich, dass Journalist:innen unabhängig, also frei von politischem Einfluss, arbeiten können und dass sich Bürger:innen aus einer Vielzahl an unterschiedlichen Medien informieren können, es also eine ausreichende Medienpluralität gibt.

Die Praxis in der EU zeigt leider ein ambivalentes Bild. Die Europäische Kommission widmet sich in ihrem jährlichen Rechtsstaatlichkeitsbericht unter anderem der Darstellung der Mediensituation in den EU-Mitgliedstaaten sowie einiger Beitrittskandidatenländer. Der Bericht 2022 weist besorgniserregende Entwicklungen aus.

Geht es um Medienpluralität, so stellt der *Media Pluralism Monitor (MPM) 2023*, auf den sich der Rechtsstaatlichkeitsbericht an vielen Stellen bezieht, das Risiko der Gefährdung derselben in den einzelnen EU-Mitgliedstaaten fest. Die Spanne zwischen diesen ist dabei groß. Deutschland führt die Liste mit dem geringsten Risiko einer Gefährdung der Medienpluralität an. Das Risiko beträgt 24 Prozent. Am anderen Ende der Fahnenstange liegt Ungarn mit einem Wert von 74 Prozent. Österreich befindet sich mit 44 Prozent im Mittelfeld und weist 2022 erstmals ein hohes Risiko im Bereich der Marktvielfalt auf. Zwar wird festgestellt, dass wichtige Grundlagen des österreichischen Mediensystems intakt sind. Dennoch gibt es eine Reihe von Defiziten, bei denen dringender politischer Handlungsbedarf besteht. So hält der MPM fest, dass in Bezug auf politische Unabhängigkeit politische Akteur:innen in Österreich jede Einmischung und jeden Versuch der Einflussnahme auf das Management und die redaktionellen Entscheidungen von Medienunternehmen vermeiden sollten. Insbesondere sei eine Neuregelung des Bestellungsverfahrens für die Mitglieder des ORF-Stiftungsrats, des höchsten Leitungs- und Kontrollgremiums des öffentlich-rechtlichen Rundfunks, die staatliche Einmischung und parteipolitische Einflussnahme einschränkt, dringend erforderlich. Was die staatliche Werbung betrifft, so sei eine Evaluierung der exorbitanten Höhe der Ausgaben ebenso erforderlich wie eine deutlich höhere Transparenz bei den Vergabekriterien.

Österreich ist nicht allein mit seinen »offenen Baustellen«. Gerade Staaten aus Mittel- und Osteuropa – allen voran Ungarn – weisen massive Mängel in Medienpluralität oder bei der politischen Einflussnahme auf Medien auf. Vor allem im Fall des öffentlich-rechtlichen Fernsehens, das immer noch die Haupt-Informationsquelle für EU-Bürger:innen darstellt, besteht dringender Handlungsbedarf.

Darauf zu vertrauen, dass die einzelnen Mitgliedstaaten von sich aus aktiv werden, ist eine Sache, EU-weit geltende Regeln zu schaffen, eine effizientere. Allein es fehlt die EU-Kompetenz in der Medienpolitik. Mit einem aktuellen Vorschlag der EU-Kommission für eine Verordnung zur Schaffung eines gemeinsamen Rahmens für Mediendienste im Binnenmarkt, das Europäische Medienfreiheitsgesetz, wird ein vielversprechender Vorstoß in einem Politikbereich gemacht, in dem die EU eine deutlich höhere Zuständigkeit hat, nämlich im Binnenmarkt.

Ziel des Vorschlages ist es, die Unabhängigkeit der Medienregulierungsbehörden, die Transparenz und Konzentration der Eigentumsverhältnisse im Medienbereich, die Transparenz und Fairness bei der Zuweisung staatlicher Werbung, der Sicherheit von Journalist:innen und dem Zugang zu Informationen sowie der Verwaltung der öffentlich-rechtlichen Medien voranzutreiben beziehungsweise zu sichern.

Das Monitoring im jährlichen Rechtsstaatlichkeitsbericht und besagter Vorstoß der EU-Kommission sind begrüßenswerte erste Schritte. Betrachtet man das Gefahrenpotential, das von einer intransparenten, von politischen Eingriffen bestimmten und wenig pluralistischen Medienlandschaft auf liberale Demokratien in der EU ausgeht, greift der Vorschlag zu kurz. Es braucht dringend mehr EU-Zuständigkeit in der Medienpolitik, sodass beispielsweise Besetzungen der Steuerungsorgane im öffentlich-rechtlichen Fernsehen unter klareren Regeln ablaufen. Zusätzlich muss es einen EU-weit einheitlichen Rahmen für nationale Medienaufsichtsbehörden geben, oder sogar eine EU-weite Medienaufsichtsbehörde. All das mit dem klaren Ziel, Medienfreiheit und Pluralität in der EU zu sichern. Abgesehen davon muss für die Zukunft vorgesorgt werden. Medienfreiheit muss ein höherer Stellenwert bei den anstehenden Beitrittsverhandlungen neuer potentieller Mitgliedstaaten zukommen.

Österreich hat die Chance, aufgrund der Lehren aus den jüngsten Skandalen im Medienbereich – Stichwort: Vergabe von staatlicher Werbung an Medien – seinen Beitrag zu leisten, vielleicht sogar zum Vorreiter zu werden. Ganz konkret sollte es weniger Inserate von staatlichen Stellen an Medien geben und stattdessen eine deutliche Erhöhung der Medienförderung. Letztere muss nach transparenten Kriterien vergeben werden und der Förderung des Qualitätsjournalismus Rechnung tragen. Das im Sommer 2023 vorgelegte Qualitäts-Journalismus-Förderungs-Gesetz liefert dazu einen Startpunkt. Durch eine Reduktion des staatlichen Inseratenvolumens auf etwa die Hälfte oder sogar ein Viertel des derzeitigen Volumens reduziert sich auch das Risiko einer intransparenten Vergabe von Steuermitteln an Medien und damit die Gefahr, dass auf die Berichterstattung Einfluss genommen werden könnte. Eine derartige Regelung auf EU-Ebene zu verankern und auch bei künftigen Beitrittsverhandlungen zu berücksichtigen, wäre ein sinnvoller nächster Schritt.

Die Bedeutung all dessen? Die Rolle der Medien kann kaum überschätzt werden. Das weiß scheinbar auch der ungarische Ministerpräsident Viktor Orbán. Es wäre sonst kaum zu einem derartigen Umbau des Mediensystems in Ungarn seit seiner Amtsübernahme 2010 gekommen.

Gerda Füricht-Fiegl ist Politikwissenschaftlerin an der FH Burgenland und leitet den englischsprachigen Master-Studiengang European Studies – Management of EU Projects. Sie doziert und forscht zum Politischen System EU sowie zur Politischen Kommunikation in der EU an verschiedenen Universitäten. Neben ihrer wissenschaftlichen Expertise verfügt sie über langjährige praktische Erfahrung in der Politischen Kommunikation in Österreich und Brüssel in der Rolle als Beamtin der Europäischen Kommission/DG COMM und Pressesprecherin im Europäischen Parlament.

GRÜNE BATTERIE UND ENERGIEDREHSCHEIBE IM HERZEN EUROPAS: ÖSTERREICHS ZENTRALE ROLLE IM EUROPÄISCHEN ENERGIESYSTEM

Martin Graf, Philipp Irschik, Helena Farmer

Österreichs Rolle und Bedeutung im europäischen Energiesystem mag zahlenmäßig zunächst vernachlässigbar erscheinen. So beträgt der österreichische Anteil an der gesamten EU-Primärenergieerzeugung gemäß des 2023 vom Bundesministerium für Klimaschutz, Umwelt, Energie, Mobilität, Innovation und Technologie veröffentlichten Berichtes »*Energie in Österreich*« im Jahr 2021 lediglich 2,1 Prozent. Im Vergleich zur Größe Österreichs schon etwas beachtlicher – wenngleich nach wie vor überschaubar – ist der österreichische Anteil erneuerbarer Energie wie beispielsweise Wind, Wasser, Photovoltaik, Umgebungswärme und biogener Energie an der EU-Erzeugung in Höhe von 4,4 Prozent.

Mit einem Importanteil von ungefähr 70 Prozent muss Österreich etwa zwei Drittel seiner Primärenergieträger aus dem Ausland importieren; von dem verbleibenden Drittel werden jedoch bereits mehr als 85 Prozent auf erneuerbarem Weg im Inland produziert. Besonders punktet Österreich hierbei beim Anteil erneuerbarer Energieträger in der Stromerzeugung – ein Umstand, der sich durch die günstige Lage und Topographie ergibt und Österreich in der erneuerbaren Stromerzeugung zu einem der Spitzenreiter in der EU macht. Im Jahr 2021 belief sich der Anteil Erneuerbarer am heimischen Strommix auf 79 Prozent, was bedeutet, dass rund 52 von insgesamt etwa 63 Terawattstunden aus erneuerbaren Energiequellen stammten.

Insbesondere die vorgenannte günstige geographische Lage im Herzen Europas lässt Österreich seit jeher eine zentrale Rolle als grüne Drehscheibe im europäischen Energiesystem und im zunehmend integrierten Energiebinnenmarkt zukommen.

Wie kann sich Österreich im europäischen Energiesystem gemessen an seiner Größe aktiv in Europa einbringen? Im europäischen Strombinnenmarkt sind die einzelnen Netzgebiete der Mitgliedstaaten durch sogenannte Interkonnektoren miteinander verbunden. Sie ermöglichen, bei ausreichender Leitungskapazität, einen ungehinderten europäischen Stromfluss und europäischen Handel. Ein an einer europäischen Strombörse akzeptiertes Handelsgebot wird zeitgleich bei den Auktionen anderer Strombörsen berücksichtigt. Die optimale Versorgung der Nachfrage unter Berücksichtigung der Netzkapazitäten wird sohin gewährleistet.

Der Grad der Netzanbindungen Österreichs zu seinen unmittelbaren Nachbarstaaten, definiert als Anteil der Transportkapazitäten an der Durchschnittslast, ist gemäß einer Studie der österreichischen Energieagentur im europäischen Vergleich mit 177 Prozent im Jahr 2022 überaus hoch. In Deutschland beträgt der Grad der Netzanbindung ungefähr 20 Prozent, jener der Schweiz etwa 60 Prozent.

Um die zugeschriebene Rolle als zentrale Drehscheibe jedoch bestmöglich erfüllen zu können, gilt es, existierende Leitungsengpässe im Übertragungsnetz zu Tschechien, Ungarn, Slowenien, Italien und der Schweiz aufzulösen und eine direkte Netzverbindung mit unserem slowakischen Nachbarn herzustellen. Hierfür sollten strategische Netzausbau- und Netzertüchtigungsprojekte des nationalen und europäischen Interesses gemäß des »Ten Year Development Plan« der EU und des Netzentwicklungsplans der Austrian Power Grid zügig realisiert und mit den notwendigen gesetzlich-regulatorischen Rahmenbedingungen ausgestattet werden. Keinen physikalischen Engpass, sondern eine regulatorische Einschränkung gibt es seit der erfolgten Trennung der Preiszone Deutschland–Österreich im Jahr 2018. Im Kontext eines europäischen Binnenmarktes muss Österreich – geographisch im Zentrum des Systems platziert – alles unternehmen, um erforderliche Übertragungskapazitäten auszubauen und politisch-motivierten Handelsbarrieren wie der Trennung der gemeinsamen Strompreiszone entgegenzuwirken. Ein solches Projekt wäre beispielsweise der zügige Ausbau der sogenannten »Deutschlandleitung«, einer 380-kV-Leitung vom Netzknoten St. Peter am Hart in Oberösterreich nach Deutschland.

Es ist im ökonomischen Interesse aller Beteiligten, dass in einem zunehmend erneuerbaren Energiesystem überschüssiger Strom aus dem Norden in den Süden oder umgekehrt transportiert werden kann. Dies ist auch für das Stromnetz innerhalb Österreichs zutreffend, um den im Osten produzierten Strom aus stark ausgebauten Wind- bzw. Photovoltaikanlagen mit den Pumpspeicherkraftwerken im Westen zu verknüpfen. Eine zunehmend witterungsabhängige Erzeugung und ein relativ stabiler Verbrauch können sohin geographisch geglättet und die Energiegewinnung optimal ausgenutzt werden.

Im Bereich von Erdgas hatte Österreich lange Zeit eine wesentliche Rolle als historische Gasdrehscheibe für Europa inne. Der Ausbaugrad österreichischer Erdgasspeicher ist im europäischen Vergleich mit rund 93 Terawattstunden außergewöhnlich hoch und entspricht in etwa dem jährlichen österreichischen Erdgasverbrauch. War man lange Zeit der Erstankunftsort von Erdgas aus dem Osten, so befindet sich das Binnenland Österreich nunmehr zunehmend am Ende paneuropäischer Leitungsstränge.

Für die Zukunft erscheint insofern Österreichs Rolle als zentraler Gas-Hub sowie als Ausgangspunkt für Gasflüsse in Richtung Osten vielversprechend. Hierfür ist vor allem die Ertüchtigung von Verdichterstationen für den »*reverse flow*«, das heißt zur Ermöglichung eines Flusses gegen die bisher ausgelegte Flussrichtung des Gasnetzes, notwendig. Besonders relevant erscheint die Richtungsumkehr zwischen

Italien und Österreich, um Erdgas, LNG und perspektivisch Wasserstoff bis in die Staaten östlich von Österreich oder nach Deutschland zu transportieren und mitteleuropäische Speicher zu befüllen. Eine enge Zusammenarbeit auf europäischer Ebene ist hierfür maßgeblich. Wie erste Projekte bereits zeigen, werden zukünftig die heute noch als Erdgasspeicher genutzten Speicherorte in Österreich eine saisonale Speicherung von grünem Gas wie beispielsweise Wasserstoff ermöglichen. So wird Strom zukünftig längerfristig speicherbar und insbesondere für die saisonale Lastverschiebung nutzbar. Österreich wird damit zu einer kleinen grünen Batterie im Herzen Europas.

Österreich muss sich weiterhin auf seine Stärken konzentrieren. Als wasserreiches Land werden rund 60 Prozent des österreichischen Stroms mit Hilfe von Wasserkraft erzeugt. Im Jahr 2020 betrug die installierte Leistung an Speicherkraftwerken laut eines 2021 erschienenen Berichts der E-Control zu »*Flexibilitätsangebot und -nachfrage im Elektrizitätssystem Österreichs 2020/2030*« rund 8,8 Gigawatt, wobei auf die Pumpleistung rund 4,2 Gigawatt entfielen. Damit liefert Wasserkraft nicht nur eine stabile Grundlast, sondern auch die notwendige Ausgleichenergie für ein zukünftig immer stärker von volatilen Erzeugungsformen gekennzeichnetes Energiesystem. Diese Ausgleichenergie ist nicht nur für Österreich selbst, sondern auch für andere europäische Mitgliedstaaten von hoher Relevanz. Wird in Österreich beispielsweise mehr kurzfristige Flexibilität bereitgestellt als gebraucht, kann der überschüssige Strom exportiert werden. Darüber hinaus ermöglichen (Pump-)Speicherkraftwerke die Bereitstellung von Strom, zu Zeiten, in denen dieser dringend benötigt wird. Wasserkraft vereint dabei die wichtigsten Erfordernisse des Energiesystems der Zukunft: sie ist steuerbar, flexibel und speicherbar.

Es muss das gemeinsame Bestreben sein, die europäischen und nationalstaatlichen Klima- und Energieziele innerhalb der gesetzten Zeiträume zu erreichen. Österreich kann als Teil des etablierten, europäischen Energiebinnenmarktes als grüne Batterie und zentrale Energiedrehscheibe im Herzen Europas mit einer zukunftsfitten Energie- und Netzinfrastruktur einen wesentlichen Beitrag leisten. In diesem Sinne gilt es mit Laufwasserkraft, (Pump-)Speicherkraft, grünem Wasserstoff, Wind und Photovoltaik, gepaart mit gut ausgebauten Transport- und Netzleitungen, die grüne Transformation in Mittel- und Zentraleuropa forciert voranzutreiben.

Martin Graf ist Finanzvorstand der Energie Steiermark AG sowie zuständig für Netze, Personal und Strategie. Davor war er mehrjährig bei der Energie-Control Austria tätig, von 2011 bis 2016 als Vorstand. Seine Schwerpunkte liegen in der Entwicklung des Energiemarkts sowie bei der Finanzierung von erneuerbarer Energie und Netzen. Er ist seit mehr als 25 Jahren in der Energiebranche tätig.

Philipp Irschik leitet den Bereich Strategie & Business Development in der Energie Steiermark AG. Zudem zeichnet er für das Beteiligungsmanagement im In- und Ausland sowie für das strategische Nachhaltigkeitsmanagement verantwortlich. Zuvor war er als Vorstandsassistent in der Energie-Control Austria und als Senior Strategy Consultant in der internationalen Managementberatung tätig.

Helena Farmer ist in der Energie Steiermark im Bereich Strategie & Business Development als Strategieexpertin tätig. Neben ihren Aufgaben im Team Strategie unterstützt sie den Vorstand bei der Umsetzung von konzernweiten Projekten und Initiativen. Sie hat Volkswirtschaftslehre mit Schwerpunkt Politische Ökonomik an der Universität Graz studiert.

ÖSTERREICH KANN NISCHEN AUSFÜLLEN UND DADURCH DIE EU INTERNATIONAL STÄRKEN

Cengiz Günay

Die Welt befindet sich in einem fundamentalen politischen, sozialen und wirtschaftlichen Umbruch. Es verändern sich die Paradigmen und Machtgleichgewichte des internationalen Systems. Die liberale Weltordnung, die auf internationalem Recht, demokratischen Werten, internationalen Organisationen und der Liberalisierung des Handels aufbaut, wird zunehmend untergraben. Die Europäische Union ist selbst ein Produkt des Liberalismus. Ihre gemeinsame Außen- und Sicherheitspolitik ist stark normativ ausgerichtet. In ihrer unmittelbaren Nachbarschaft agiert die EU wie eine Regionalmacht. Sie verfolgt das Ziel, die Länder in ihrer Umgebung durch den Export von liberalen Normen und europäischen Standards zu transformieren und an Europa heranzuführen. Dies funktioniert angesichts der Aushöhlung liberaler Werte und des Aufstiegs Chinas, Russlands und regionaler Mächte wie der Türkei und Saudi-Arabiens immer schlechter. Die EU tut sich schwer, auf akute Herausforderungen wie militärische Konflikte, politische Instabilität, Dürre, Ressourcenknappheit und große Migrationsbewegungen zu reagieren. Eine nun neu proklamierte »geopolitische EU« muss sich deshalb einerseits dieser Themen annehmen und sich von dem engen Fokus auf die Nachbarschaft zu einem globalen Akteur wandeln. Österreich kann, soll und muss dabei eine aktive Rolle einnehmen und vor allem kann es Nischen abdecken.

Österreich hat hier großes Potenzial, einerseits die EU-Außenpolitik mitzuprägen und sich gleichzeitig auch eine außenpolitische Identität zu schaffen. Dies ist insbesondere notwendig, weil man es seit dem EU-Beitritt 1995 verabsäumt hat, eine klare außen-, sicherheits- und europapolitische Strategie und ein internationales Profil zu entwickeln. Neben dem fehlenden politischen Willen und Engagement spielen hierbei auch fehlende finanzielle und personelle Ressourcen des Außenressorts sowie das gesellschaftliche Verharren in den Denkmustern, Erfahrungen und Prämissen des Kalten Krieges eine Rolle. Obwohl Österreich seit dem Fall des Eisernen Vorhangs nicht mehr am Rande der westlichen Welt und spätestens seit der EU-Osterweiterung im Zentrum der EU gelagert ist, positioniert sich das Land weiterhin als eine Drehscheibe zwischen Ost und West im europäischen Kontext. Selbst auf dem Westbalkan, der als eine Schwerpunktregion gilt, ist Österreich kaum präsent. Ebenso wurden der post-sowjetische zentralasiatische Raum, die Kaukasusregion und der Nahe Osten vernachlässigt, ganz zu schweigen von einem Engagement in Asien.

Das aus dem Kontext des Kalten Krieges heraus entstandene Konzept der Neutralität wurde weder diskutiert, noch adaptiert oder weiterentwickelt und an die Gegebenheiten unserer Zeit angepasst. Stattdessen ist die Neutralität zu einem diffusen Identitätsstifter verkommen und wird als Ausrede für außenpolitische Passivität und außenpolitischen Opportunismus missbraucht. Selbst die Positionierung Österreichs als internationaler Verhandlungsort steht auf dem Spiel. Um in Europa und der Welt ein glaubwürdiger Partner sein zu können und im internationalen Wettbewerb standhalten zu können, muss Österreich eine langfristige Strategie entwerfen. Angesichts des Umstandes, dass die Neutralität in Österreich weder von politischen Parteien noch von der breiten Öffentlichkeit hinterfragt wird, muss eine effektive und von breiten Teilen der Bevölkerung getragene außenpolitische Strategie den neutralen Status Österreichs berücksichtigen. Dies steht aber einer proaktiven prinzipiengeleiteten Außenpolitik nicht im

Weg und kann, wenn sie konsequent betrieben wird, auch zu einer Stärkung Europas in der Welt beitragen.

Dafür muss sich Österreich zunächst von den Konzeptionen des Kalten Krieges verabschieden und eine globalere Perspektive entwickeln. Hierzu gehört eine stärkere Sensibilisierung für Konflikte, Spannungen und Dynamiken jenseits von Europa, wie zum Beispiel die wachsende Rivalität zwischen China und den USA oder Spannungen zwischen Nord und Süd, aber auch regionale Entwicklungen wie jene in Bergkarabach. Was ist Österreichs Position? Wie weit kann es neutral sein? Oder kann die Neutralität sogar ein Mittel sein, um eine konstruktive Rolle zu spielen?

Ein Kleinstaat wie Österreich hat nicht die Möglichkeiten, in allen Bereichen der internationalen Politik bzw. in allen Regionen der Welt gleichzeitig und gleichwertig agieren zu können und es hat nicht die Kapazitäten, globale Konflikte zu lösen. Allerdings kann man so, wie vergleichbare Staaten, thematische Nischen entwickeln. Diese thematischen Nischen leiten außenpolitische Strategien und außenpolitisches Engagement.

Eine mögliche Nische, die eine Kontinuität mit der selbstgewählten Rolle als internationale Drehscheibe darstellen und sich mit der Identität als neutraler Staat verbinden lassen könnte, ist die aktive Rolle als Vermittler in internationalen Krisen, Friedensarbeit, De-Militarisierung, Entminung sowie das Engagement im interkulturellen Dialog. Dies würde zum einen das Image und Prestige Österreichs als Sitz internationaler Organisationen und als Verhandlungsort stärken und zum anderen auch die EU in ihrer Außenrolle. Eine Positionierung Österreichs im Bereich der Krisendiplomatie, Friedensarbeit und Vermittlung kann und darf allerdings nicht oberflächlich erfolgen und sich auf die Bereitstellung Wiens als Verhandlungsort beschränken. Österreich muss sich in Krisenregionen hineinwagen, Mediationsteams aufstellen, diese in die Regionen schicken, Konfliktparteien nach Österreich bringen und finanzielle

Mittel für Entminung, De-Radikalisierungs- und Integrationsprogramme bzw. die aktive Vermittlung aufbringen. Dafür ist der Aufbau von internationaler, regionaler und thematischer Expertise notwendig. Dies kann nur durch die Einbindung von österreichischen und europäischen nicht-staatlichen Forschungseinrichtungen, Zivilgesellschaft und Bildungsinstitutionen und in enger europäischer und internationaler Zusammenarbeit erfolgen. Ebenso muss hierfür die Expertise im Außenministerium selbst stark aufgebaut werden. Die österreichische Diplomatie sollte in so einem Fall den thematischen Ansatz der Friedensvermittlung und Friedensarbeit in jegliche Strategien und Aktivitäten einbauen. Die Umsetzung einer solchen Politik muss auch mit einer verstärkten Informationskampagne nach innen, in Österreich und Europa begleitet werden. Dabei sollte man sich keineswegs auf Konflikte in geographischer Nähe beschränken. Ganz im Gegenteil, als kleiner neutraler Staat hat Österreich auch die Möglichkeit, sich als Vermittler in Konflikten in Afrika, Zentralasien, Ost- und Südostasien und Lateinamerika einzubringen.

Ein starkes Engagement Österreichs als Mediator in regionalen und internationalen Konflikten kann wesentlich zu einem globaleren und geopolitischeren Europa, das dem Frieden und liberalen Werten wie Demokratie, Menschenrechte und Partizipation verpflichtet ist, beitragen.

Cengiz Günay ist Direktor des Österreichischen Instituts für internationale Politik (oiip) und Lektor am Institut für Politikwissenschaft, dem Institut für internationale Entwicklung sowie dem Institut für Orientalistik an der Universität Wien. Er forscht zu Autokratisierung, Staat und Staatlichkeit und Islamismus und hat einen regionalen Schwerpunkt auf der Türkei und MENA Region.

NEUE MEDIENPOLITISCHE ANSÄTZE ZUR STÄRKUNG DER EUROPÄISCHEN ÖFFENTLICHKEIT

Fritz Hausjell

Das Zusammenwachsen der in der EU organisierten Nationalstaaten wird bisher durch eine unzureichend entwickelte medial vermittelte Öffentlichkeit begleitet. Nationalstaatlich organisierte Medien überwinden nur langsam die Perspektiven auf die gesamteuropäische Politik. Die Ursachen sind vielfältig, vor allem liegen sie in den Nachrichtenwerten der Medien – also der Auswahl der Nachrichten – begründet, die jeweils ein nationales Publikum adressieren. Hinzu kommt die Sprachbarriere, die die meisten Bürger:innen daran hindert, in Medien anderer europäischer Länder zu blicken.

Der Einsatz von Übersetzungs-KI durch Digitalmedien ist zwar naheliegend. Aber der enorme Strukturwandel im Bereich der Finanzierung journalistischer Medien hält Medienunternehmen zumeist davon ab, Ressourcen dafür einzusetzen, um potentielle Mediennutzer:innen in fremdsprachigen Ländern anzusprechen. Zu unsicher erscheint Medienmanagern die Aussicht, hier jemals ausreichend Erlöse erzielen zu können. Sind doch – vor allem in den kleinen EU-Staaten – schon am eigenen nationalen Publikumsmarkt sowohl die Werbeerlöse alleine nicht ausreichend, und steigt zum anderen die Bereitschaft für digitale Medieninhalte Entgelt zu bezahlen in der Bevölkerung zu langsam. Die Lage spitzt sich wirtschaftlich weiter zu. Da die meisten journalistischen Medien Kurzversionen ihres kostenintensiv hergestellten Inhaltes auch über die digitalen Kanäle der Giganten aus den USA und China ausspielen, sorgen sie dadurch für die weitere Steigerung der Attraktivität jener bei den Nutzer:innen, die ihnen zugleich als immer stärkere und erfolgreiche Konkurrent:innen am Werbemarkt das wirtschaftliche Überleben noch schwieriger gestalten. Nur in wenigen Ländern ist es Medien gelungen, von manchen Digitalgiganten dafür eine geringe Abgeltung zu bekommen.

Zugleich verschärft sich die Misere für die Bürger:innen: Die Vielfalt journalistischer Medien ist in den meisten EU-Ländern aufgrund der dramatisch verschlechterten Finanzierungslage rückläufig, der in den Medien gebotene Journalismus infolge von Sparbudgets in Redaktionen personell schwächer und mitunter den zugleich weiter steigenden Aufwendungen für PR und Inszenierung in Politik, Wirtschaft, Sport und anderen gesellschaftlichen Machtbereichen nicht ausreichend gewachsen. Zudem sind rentabilitätsbedingt Medienabos unverhältnismäßig teuer, Massenmedien drohen zu Elitemedien zu werden, die sich Bürger:innen mit geringem Einkommen nicht mehr leisten können. In Ländern mit stark ausgeprägten rechtspopulistischen und rechtsextremen Parteien erleben wir zudem seit Jahren eine starke Diffamierung journalistischer Medien als »Lügenpresse« und »Systemmedien« bei gleichzeitiger Etablierung neuer parteiischer Propagandamedien.

Leider reagierten die Bildungssysteme der meisten Länder Europas bisher nicht mit einer angemessenen Kompetenzbildung, die Menschen dazu befähigt, zwischen faktenbasiertem Journalismus, faktenlosen Meinungen und Vermutungen, Public Relations, Propaganda, Werbung und Fake News zu unterscheiden. Bekanntlich kommt Nutzer:innen von Social-Media-Kanälen alles zusammen in einer wilden, zumeist nicht gekennzeichneten Mischung entgegen. Freilich wäre auch ein gut aufgestelltes Schulsystem noch nicht die ausreichende Antwort, zumal der Großteil der Bevölkerung altersbedingt bekanntlich nicht (mehr) zur Schule geht.

Was kann beziehungsweise soll nun nationale und europäische Politik tun, um dem drohenden Versagen eines so ungemein wichtigen Organs für die demokratische Gesellschaft entgegenzuarbeiten? Eine erste medienpolitische Antwort wäre die Entwicklung eines europäisch geprägten modernen digitalen Medienvertriebs.

Das duale Prinzip, also die Verfügbarkeit von öffentlich-rechtlichen wie privatwirtschaftlich organisierten Medien, hat sich in vielen europäischen Ländern im Bereich des Rundfunks bewährt, weil damit eine leistbare Mindest- oder Grundversorgung mit gesellschaftlich erwünschten medialen Angeboten hervorgebracht wurde. Durch den Programmauftrag sind nicht nur alle gesellschaftlichen Gruppen in den Fokus der Berichterstattung gerückt worden, sondern es wurden journalistische Standards geprägt, die im Wettbewerb auch für privatwirtschaftliche Mitbewerber oft Richtschnur wurden. Besonders kostenaufwändig zu produzierende und zu distribuierende Medien neigen rascher zu Monopolisierungen. Diese können durch ein duales Mediensystem eher hintangehalten werden. Daher empfiehlt es sich, bei der Entwicklung von digitalen Medienvertriebskanälen nicht bloß auf einen zu fokussieren. Genossenschaftlich strukturierte Systeme wären zu favorisieren.

Da der rasche Aufbau notwendig erscheint, werden anfangs wohl intensive europäische und nationalstaatliche Mittel nötig sein. Zielsetzung wäre dabei, mittelfristig zwei, von möglichst allen journalistischen Medienunternehmen in Europa getragene, digitale Vertriebsunternehmen zu etablieren. Diese sorgen dafür, dass in ganz Europa zum einen alle privatwirtschaftlichen journalistischen Medienangebote und zum anderen alle öffentlich-rechtlichen Medieninhalte von allen Bürger:innen durch Einsatz geeigneter Übersetzungstools genutzt werden können. Die dabei erzielten Vertriebs- und Werbeeinnahmen kommen allen beteiligten Medienunternehmen zugute. Derartige gemeinsame Vertriebskanäle sichern europäischen

Medien nicht nur die nötigen Einnahmen, um weiterhin journalistische Leistungen zu erbringen. Sie bieten bei Erfolg auch die Möglichkeit, gegenüber den weltweiten Digitalgiganten beim Thema Verwertungsrechte selbstbewusster aufzutreten.

In diese Strukturen könnten auch Social-Media-Applikationen integriert werden, die Standards einhalten, welche den europäischen Vorstellungen zum Schutz persönlicher Daten entsprechen sowie den demokratiestützenden Transport aller von den Bürger:innen eingebrachten Inhalte garantieren.

Eine zweite medienpolitische Antwort liegt in der Förderung der vergleichenden Nutzung europäischer Medien.

Die EU könnte ein auf mehrere Jahre angelegtes Programm entwickeln, welches Bürger:innen ein Konto für die Nutzung von Medien außerhalb des eigenen Wohnlandes finanziert. Dabei sollte darauf geachtet werden, dass zumindest immer zwei Medien aus zwei verschiedenen Ländern gleichzeitig genutzt werden und jedes Jahr ein Wechsel der Medientitel beziehungsweise der Erscheinungsländer Voraussetzung ist. Idealerweise könnte dies kombiniert werden mit ähnlichen nationalstaatlichen Programmen, die aus den Budgets der jeweiligen Länder im Zuge der Medienkompetenzförderung den Medienunternehmen abgegolten werden.

Die dritte medienpolitische Antwort ist schließlich eine Stärkung der Medienkompetenz der Bürger:innen durch Medienjournalismus-Förderung.

Auf EU- und nationalstaatlicher Ebene sollten Journalismus-Fördermodelle entwickelt werden, die es ermöglichen, in interessierten journalistischen Medien Ressorts zu entwickeln, die in general-interest-Medien Medienbildungsinhalte publizieren. Dem Publikum sollen dadurch spannende Beiträge geboten werden, die die Grundlagen der Medienwelten leicht verständlich aufbereiten. Dabei sollten alle Bereiche, die für Medienkompetenzbildung bedeutsam sind, nach journalistischen Kriterien thematisiert werden.

Das bei einem Teil der Bürger:innen verlorene Vertrauen in journalistische Medien kann nur durch Stärkung der Unabhängigkeit dieser journalistischen Medien sowie durch Medienkompetenzbildung und durch praktische eigene Erfahrungen des Unterschieds zwischen journalistischen Medien und »Irgendwie-auch-Medien« – wie etwa Social Media-Kanälen, YouTube und andere journalistisch nicht relevanz- und faktengeprüften Anbietern von Medienhalten – erreicht werden. Dies sind gesellschaftliche Lernprozesse, die durch entsprechende medienpolitische Rahmenbedingungen begünstigt werden müssen und wohl eher im Zeithorizont von zehn bis zwanzig Jahren zu dimensionieren sind. Durch das hier skizzierte Programm wäre jedoch die Wahrscheinlichkeit hoch, dass bei einem Teil der Bürger:innen, aufgrund der vielfältigeren und leichteren Zugänglichkeit zu medial vermittelten nationalstaatlich geprägten Öffentlichkeiten, schließlich eine europäische entsteht.

Gerade Österreich könnte hier als kleiner europäischer Nationalstaat, dessen Medienvielfalt und Journalismusstärke durch den Strukturwandel der Medien und der diese wesentlich finanzierenden Werbung inzwischen so erheblich geschwächt ist, mit Initiativen vorangehen. Die drei oben skizzierten Strategien sollte Österreich mit einigen ähnlich betroffenen Ländern gemeinsam angehen und der europäischen Politik damit signalisieren, wie ein Weg aus der Medienkrise führt. Zügigkeit ist dabei ein Gebot der Stunde, denn eine weitere Schwächung der journalistischen Leistungsangebote gefährdet die Demokratie, die sowohl die Versorgung der Gesellschaft mit möglichst verlässlichen Informationen sowie den Kritik- und Kontrollaufgaben durch den unabhängigen Journalismus benötigt.

Fritz Hausjell lehrt als Ao. Universitätsprofessor hauptberuflich Publizistik- und Kommunikationswissenschaft am gleichnamigen Institut der Universität Wien sowie nebenberuflich an der Fachhochschule St. Pölten, der juristischen Fakultät sowie dem Institut für Zeitgeschichte der Universität

Wien. Er ist Herausgeber und Autor mehrerer Buchveröffentlichungen sowie zahlreicher Aufsätze in wissenschaftlichen Sammelbänden und Fachzeitschriften, besonders zu den Bereichen Exiljournalismus, Medien- und Kommunikationspolitik des Nationalsozialismus, Journalismusentwicklung in der Zweiten Republik, Neonazismus und Rassismus im medialen Kontext, Migration und Medien, aktuelle Medienpolitik, Arbeitsfeld Journalismus und Inklusion, öffentlich-rechtlicher Rundfunk sowie Fachgeschichte. Hausjell ist seit 2014 stellvertretender Vorstand des Instituts für Publizistik- und Kommunikationswissenschaft der Universität Wien und seit 2022 Präsident von »Reporter ohne Grenzen Österreich«.

MIKROELEKTRONIK IN ÖSTERREICH: HEUTE TOP UND WAS IST MORGEN?

Sabine Herlitschka

Österreich ist spitze! Ganz Österreich? Die österreichischen Mikroelektronik-Unternehmen sind es jedenfalls und in Europa sind sie sogar führend. Die heimische Mikroelektronikbranche ist extrem gut positioniert und im europäischen Vergleich – laut einem Positionspapier des Fachverbands für Elektro- und Elektronikindustrie »European Chips Act für Stabilität, Sicherheit & Nachhaltigkeit« vom Juli 2023 – gemessen an der Größe die Nummer 1 beim Beitrag zur Wertschöpfung, zur Beschäftigung und bei Investitionen in Forschung und Entwicklung. In absoluten Zahlen liegen wir unter den Top 3 bzw. 4 in Europa, Mikroelektronik ist die Grundlage für Stabilität, Sicherheit und Nachhaltigkeit und damit für den Wohlstand in unserer Gesellschaft. Daher ist es so wichtig, diese strategische Schlüsseltechnologie auszubauen.

Denn die Mikroelektronik wirkt in fast alle Anwendermärkte. Rund 50 Prozent der weltweiten Wirtschaftsleistung hängen aktuell direkt oder indirekt von der Halbleiterindustrie ab. Dass unser Land eine Spitzenposition gerade in einem der Schlüsselbereiche der Zukunft einnimmt, mag auf den ersten Blick überraschen, und doch begleiten uns Technologien aus Österreich im Alltag: Ob im Smartphone, in Zügen, bei Wind- und Photovoltaikanlagen, Wärmepumpen, im Kühlschrank, im Roboter, bei Reisepässen oder Kreditkarten. Mikrochips sind das Herzstück digitaler Anwendungen und entscheidend für den wirtschaftlichen Erfolg ganzer Erdteile. Ohne Halbleitersysteme gibt es keine Energiewende, keine

Umwelttechnologie, keine künstliche Intelligenz, keine E-Mobilität, keine Digitalisierung.

In der Alpenrepublik verlocken Spitzenpositionen oft dazu, es sich einmal gemütlich zu machen. Denn was allzu gerne bei der Betrachtung von Rankings übersehen wird, ist, dass sie Ausdruck eines ständigen und weltweiten Wettbewerbs sind. Nichts sagt weniger aus als die Platzierung von heute, entscheidend ist jene von morgen und übermorgen. Und dabei geht es um das Stärken von Stärken und das Messen mit den Besten. Es geht um intelligente Technologien, Strategien und Ziele, um Wettbewerbsfähigkeit und vor allem um das Tun und den Mut voranzugehen.

Die Herausforderungen, mit denen Europa und die Weltgemeinschaft konfrontiert sind, sind gewaltig: Die Klimakrise, die Transformation der Energie- und Verkehrssysteme sowie die Verfügbarkeit von Warenströmen und Rohstoffen, zu denen man im Zeitalter der Digitalisierung auch den Umgang mit Daten und Sicherheit zählen muss. Europa hat die Notwendigkeit erkannt und dafür legistische Rahmenbedingungen geschaffen wie zum Beispiel den Green Deal oder das Lieferkettengesetz. Von zentraler Bedeutung für das heutige Erfolgsmodell Europas wird sein, dass diese dazu beitragen, die Wettbewerbsfähigkeit zu stärken.

All das hängt unmittelbar mit der Mikroelektronik zusammen, weil die Bewältigung dieser zentralen Themen vor allem durch Effizienzsteigerung, Automatisierung und Digitalisierung zu lösen sind – vorausgesetzt wir wollen gleichzeitig die »magischen 4 Ws«, nämlich Wettbewerbsfähigkeit, Wertschöpfung, Wohlstand und Wertekanon in Europa sichern. Sie sind die Grundlage für heutige und künftige Erfolge, zu denen Österreich und die Mikroelektronikbranche beitragen können. Dazu zählen Stärkefelder wie die Leistungselektronik, die Sensorik, genauso wie elektronische Systeme für die Datensicherheit und Security-Lösungen.

Die Leistungselektronik beispielsweise eröffnet ein enormes Potenzial, um die Energieeffizienz zu heben. Mit einer effizienten Energiewandlung von der Erzeugung, der Kopplung mit erneuerbaren Energien, der Steuerung bis hin zur Nutzung können Energieverluste um mehr als 70 Prozent verringert und der CO_2-Ausstoß reduziert werden. Halbleiter sind essenzielle Bausteine zur Erreichung der Klimaziele, des Green Deals und zum Gelingen des grünen und digitalen Wandels – oder anders gesagt, ein Green Deal wird ohne Technologien wie etwa der Leistungselektronik nicht funktionieren.

Österreich verfügt dabei über Spitzentechnologien, das Knowhow, diese hoch-komplexen Systeme global wettbewerbsfähig herzustellen und zu entwickeln, als auch über eine hohe Bereitschaft, sich entlang der Wertschöpfungskette mit Partnern aus Wissenschaft und Wirtschaft über Ländergrenzen hinweg zu vernetzen. Europa gewinnt nur als Team – Österreich kann ohne europäische Kraftanstrengung wenig bewegen, aber gemeinsam in und mit Europa viel.

Mit dem European Chips Act startete ein ambitioniertes Vorhaben der EU. Bis 2030 soll sich der Anteil Europas am globalen Markt für Mikrochips auf 20 Prozent verdoppeln. Dabei ist das mit 43 Milliarden Euro ausgestattete EU-Paket gegenüber den asiatischen und den US-amerikanischen noch viel zu bescheiden ausgestattet und durch eine komplexe Struktur geprägt. Zum Vergleich: Die Biden-Regierung hat mit dem US Chips Act rund 52 Milliarden Dollar mobilisiert, ergänzt durch die massiven Investitionen von 738 Milliarden Dollar durch den Inflation Reduction Act – und gleichzeitig den Marktzugang für ausländische Marktteilnehmer deutlich erschwert.

In Zeiten zunehmender globaler Vernetzung und wirtschaftlicher Instabilitäten ist es für die EU und damit für ihre Mitgliedsländer unerlässlich, Ressourcen zu bündeln, Wertschöpfungsketten zu stärken und eine strategische Souveränität in Schlüsseltechnologien zu erlangen. In einem ganzheitlichen Ansatz gilt es, bestehende Stärkefelder auszubauen, vorhandene Lücken zu schließen, als auch innereuropäische Verzerrungen zu vermeiden und das europäische Wettbewerbs- und Beihilfenrecht in einem globalen konkurrenzfähigen Kontext zu gestalten.

Konkret bedeutet das: Um Europas Chips-Ziel zu erreichen, braucht es massive Investitionen in der Mikroelektronik – sowohl privater als auch öffentlicher Natur.

Österreich unternimmt hier proaktiv Schritte, um die heutige Spitzenposition für die Zukunft aufzustellen. Es wurden nun signifikante Mittel bereitgestellt, um die nationale Kofinanzierung von Produktionsvorhaben sicherstellen zu können, insbesondere für »first of a kind«-Investitionen von Unternehmen, wie sie im Chips Act vorgesehen sind. Es geht dabei um monetäre und nicht monetäre Maßnahmen, wie etwa Ausbildung, Qualifizierung und Vernetzung, gemeinsam mit den Unternehmen und Akteuren wie etwa F&E- und Bildungsinstitutionen, die alle dazu beitragen sollen, Österreichs Wettbewerbsfähigkeit zu stärken. Das betrifft die gesamte Wertschöpfungskette von Forschung und Entwicklung, Ausbildung bis zur Produktion. Besonders zukunftsrelevant ist die qualitativ hochwertige Ausbildung und Attraktivierung von Fachkräften für den Standort Österreich sowie die gezielte Anwerbung passender Unternehmen in der Mikroelektronik-Wertschöpfungskette.

Die bisherige Performance österreichischer Mikroelektronikunternehmen ist ein Zeichen für bemerkenswerte Agilität, Resilienz und Innovationskraft. Die vor uns liegenden Herausforderungen mögen eindrucksvoll sein, aber wir können sie bewältigen. Mit einer klaren Vision, fester Entschlossenheit und konsequentem europäischen Teamgeist kann Österreich eine wichtige Rolle bei der Gestaltung einer positiven Zukunft für den Kontinent spielen. Österreich, ein Land das mutig vorangeht, es muss sich nur trauen.

Sabine Herlitschka, MBA ist Vorstandsvorsitzende der Infineon Technologies Austria AG. Davor war sie u. a. in der industriellen Biotech-

Forschung, internationalen FTI-Kooperation sowie -finanzierung tätig. Herlitschka ist Gründungs-Vizerektorin der Meduni Graz sowie Fulbright Forscherin an zwei US-Universitäten. Sie ist u. a. Vizepräsidentin der IV Österreich und Beirats-Vorsitzende des Austrian Supply Chain Institute. Von 2018-2021 war sie in Mikroelektronik-Programmen für die Europäische Kommission tätig.

DIE SCHLÜSSELROLLE DER LANGZEITSPEICHERUNG FÜR DIE EUROPÄISCHE ENERGIEWENDE

Marie-Theres Holzleitner-Senck

Die Umstellung des Energiesystems auf erneuerbare Energieträger stellt eine der wichtigsten Herausforderungen für die Europäische Union dar. Um die Klimaziele zu erreichen und eine nachhaltige Versorgung zu gewährleisten, müssen wir die Energieproduktion unter anderem stärker auf Wind- und Photovoltaikanlagen ausrichten. Dies führt jedoch zu einer Abhängigkeit von den Witterungsbedingungen, was potenziell Preisschwankungen auf den Energiemärkten und Unsicherheit für Investor:innen mit sich bringt.

Die Klimaziele der Europäischen Union sind äußerst ambitioniert. Bis spätestens 2050 soll eine Netto-Null-Emission von Treibhausgasen erreicht werden, wobei negative Emissionen angestrebt sind; der Atmosphäre sollen also mehr Treibhausgase entnommen als emittiert werden. Bis 2030 ist das Ziel, die Treibhausgasemissionen um mindestens 55 Prozent gegenüber 1990 zu senken. Zusätzlich hat Österreich gesetzlich festgelegt, dass der Gesamtstromverbrauch ab 2030 bilanziell zu 100 Prozent national aus erneuerbaren Energiequellen gedeckt werden soll. Um eine nachhaltige und klimaneutrale Energiezukunft zu gestalten, ist es daher notwendig, erneuerbare Energien massiv auszubauen und effiziente Langzeitenergiespeicher zu nutzen. Der Ausbau von Energiespeichersystemen ist von besonderer Bedeutung, da erneuerbare Energiequellen wie Windkraft und Photovoltaik begrenzten Regelbarkeitsmöglichkeiten ausgesetzt sind, was wiederum die Stromerzeugungskosten in

Abhängigkeit von ihrer Verfügbarkeit beeinflusst. Energiespeicher spielen demnach eine entscheidende Rolle bei der Flexibilisierung des künftigen Energiesystems. Sie können dazu beitragen, Volatilitäten auszugleichen und die System- und Versorgungssicherheit zu gewährleisten. Dabei sollte betont werden, dass Energiespeicher nicht nur auf Batterietechnologie beschränkt sind, sondern auch andere Formen wie Pumpspeicher und Power-to-Gas-Anlagen mit Speicher eine wichtige Rolle spielen können. Unterschiedliche Speichertechnologien haben unterschiedliche Kapazitäten und Skalierbarkeit. Während Batterien kurzfristige Schwankungen ausgleichen können, sind Pumpspeicheranlagen besser für die Speicherung großer Energiemengen über längere Zeiträume geeignet. Kleine Batterien eignen sich für dezentrale Anwendungen, während große Pumpspeicheranlagen in der Lage sind, signifikante Energiemengen zu speichern. Die Verwendung verschiedener Speichertechnologien ist notwendig, um die Vielfalt der erneuerbaren Energiequellen auszugleichen, Kosten zu optimieren und das Energiesystem widerstandsfähiger zu machen. Dies ermöglicht die Bewältigung der dynamischen Anforderungen in der nachhaltigen Energieversorgung.

Die Entwicklung und Etablierung von Langzeitenergiespeichern ermöglicht es, überschüssige erneuerbare Energie in Zeiten hoher Produktion zu speichern und sie dann verfügbar zu machen, wenn die Nachfrage steigt oder die erneuerbare Energieproduktion gering ist. Dabei sollte der Fokus auf erneuerbaren Gasen liegen, wobei die vorhandene Infrastruktur effizient genutzt werden kann. Dies ermöglicht nicht nur die Reduzierung der CO_2-Emissionen, sondern trägt auch zur Versorgungssicherheit bei.

Besonders vielversprechend bei der Entwicklung und Implementierung effizienter Langzeitenergiespeicher ist die Verwendung von Wasserstoff. Die Herstellung von Wasserstoff durch Elektrolyse von Wasser unter Verwendung erneuerbarer Energiequellen ist grundsätzlich emissionsfrei. Zudem erlaubt Wasserstoff als gasförmiger Energieträger einen einfachen Transport sowie die Nutzung unterirdischer großvolumiger Speicherstrukturen. Diese Eigenschaft macht ihn ideal für die Langzeitspeicherung.

Die Vielseitigkeit von Wasserstoff eröffnet eine breite Palette von Anwendungsmöglichkeiten, von der Stromerzeugung über die Mobilität bis hin zur Industrie. Dies macht ihn zu einem wertvollen Baustein in einem flexiblen Energiesystem. Die Umwandlung von erneuerbarem Strom in Wasserstoff und dessen spätere Rückverwandlung in Strom über Brennstoffzellen oder Gasturbinen ermöglicht die Speicherung von Energie über längere Zeiträume. Zudem kann er grenzüberschreitend gehandelt und transportiert werden, was die Möglichkeit schafft, Energieüberschüsse in Regionen zu nutzen, wo sie gerade benötigt werden.

Dennoch gibt es Herausforderungen bei der Nutzung von Wasserstoff als Mittel zur Langzeitspeicherung, darunter die Effizienz der Elektrolyse und Rückverstromung, die Entwicklung von sicheren und kostengünstigen und wirtschaftlich rentablen Speichertechnologien sowie die Integration von Wasserstoff in bestehende Energiesysteme, um den Prozess noch energieeffizienter zu gestalten. Noch fehlen die politischen Rahmenbedingungen, um Investitionen in Wasserstofftechnologien zu fördern und Hindernisse auf dem Weg zur erfolgreichen Langzeitspeicherung zu überwinden. Dies erfordert eine Anpassung der Marktinstrumente und Anreizstrukturen. Zudem spiegelt sich die Notwendigkeit von Langzeitspeicherung noch nicht ausreichend im aktuellen Rechtsrahmen – weder auf europäischer noch auf nationaler Ebene – wider.

Es ist daher politische Unterstützung erforderlich, um das Potenzial von Wasserstoff als Zukunft der Langzeitspeicherung zu nutzen und als nachhaltige und klimaneutrale Alternative zu etablieren. Es liegt an uns, diesen vielversprechenden Energieträger zu nutzen und damit die Energiewende voranzutreiben und einerseits ein klares Verständnis für verschiedene Arten von Energiespeichern zu entwickeln, andererseits den Einsatz von erneuerbaren Gasen durch entsprechende Fördermaßnahmen zu unterstützen und schließlich Mechanismen zur Nutzung von Produktionsüberschüssen in Zeiten niedriger Versorgung zu etablieren.

Die Langzeitspeicherung von erneuerbarer Energie ist von entscheidender Bedeutung, um die Energiewende in Europa zu beschleunigen und die ehrgeizigen Klimaziele zu erreichen. Es ist an der Zeit, die Rahmenbedingungen und die Wertschätzung für Langzeitspeicherung zu überdenken und entsprechende Maßnahmen auf europäischer Ebene zu ergreifen. Nur so können wir sicherstellen, dass eine nachhaltige und klimaneutrale Energieversorgung in Europa Realität wird. Um die genannten Ziele zu erreichen, müssen Österreich und die gesamte EU ihre proaktive Rolle weiter verstärken. Ein vermehrtes Engagement Österreichs in der Forschung und Entwicklung von innovativen Energiespeichertechnologien würde nicht nur zur Erreichung der Klimaziele beitragen, auch die heimische Wirtschaft würde profitieren, indem Exportmöglichkeiten für fortschrittliche Energiespeicherlösungen geschaffen werden. Österreich sollte zudem seine Expertise im Bereich der Sektorkopplung und Power-to-Gas-Technologien nutzen, um die Integration von erneuerbarem Strom, Gas und Wärme in das europäische Energiesystem voranzutreiben. Diese Maßnahmen würden nicht nur die Energiesicherheit der EU stärken, sondern auch Österreich einen Wettbewerbsvorteil verschaffen – als Vorreiter der europäischen Energiewende.

Marie-Theres Holzleitner-Senck ist Head of Legal Services and Process Development am Energieinstitut an der Johannes Kepler Universität Linz. Sie ist Expertin im Bereich des Energierechts und widmet sich den aktuellen und zukünftigen rechtlichen Herausforderungen im Energiesystem. Dabei werden unter anderem aktuelle Problemstellungen rund um die Themen Abwärmeauskopplung, Fernwärmesysteme, Energiespeicherung, Energiegemeinschaften oder Datenmanagement analysiert und geeignete Lösungsvorschläge erarbeitet.

WARUM WIR DEN DIGITALEN EURO BRAUCHEN

Robert Holzmann

Der digitale Euro ist ein wichtiges Zukunftsprojekt, an dem die Oesterreichische Nationalbank (OeNB) mit den anderen Zentralbanken des Eurosystems derzeit intensiv arbeitet. So wie es aussieht, wird der digitale Euro ein universell einsetzbares neues Zahlungsinstrument, das von der EZB ausgegeben und von Finanzinstituten an die Menschen im Euroraum verteilt werden wird, ähnlich wie heutiges Bargeld, jedoch in digitaler Form. Das Projekt ist daher gerade für Österreich, einem Land mit traditionell hoher Bargeldaffinität, von besonderer Bedeutung, da der digitale Euro de facto digitales Bargeld darstellen wird.

In den letzten drei Jahren hat sich die Frage des digitalen Euro und seine künftige »Arbeitsteilung« mit Bargeld zu einem breit diskutierten Thema entwickelt. Neue technologische Entwicklungen rufen sehr oft Bedenken und Skepsis hervor, manchmal auch Missverständnisse. Darüber hinaus ist Bargeld in Österreich aufgrund seiner einzigartigen Funktionen sehr beliebt: In Österreich hat Bargeld mit einem Anteil von 70 Prozent an allen Transaktionen (Stand 2022) einen um knapp zehn Prozentpunkte höheren Stellenwert als im Euroraum-Durchschnitt. Deshalb gilt es vorweg festzuhalten: Der OeNB ist sehr daran gelegen, die Zugänglichkeit von Bargeld für die Menschen zu erhalten. Das beinhaltet auch die Bereitstellung von Bargeld durch die Kreditinstitute. Die OeNB setzt sich außerdem für eine Sicherstellung einer verpflichtenden Annahme von Bargeld im Handel (mit sinnvollen Ausnahmen) ein. Bargeld stellt nach wie vor das einzige gesetzliche und öffentlich zur Verfügung gestellte Zahlungsmittel dar, alle anderen sind private, gewinnorientierte Geschäftsmodelle, die durch den Markt selbst geregelt werden.

Mit dem Wachstum der digitalen Wirtschaft schrumpft aber die wirtschaftliche Einflusssphäre, die mit Bargeld erreichbar ist. Die letzten zwei Jahrzehnte waren geprägt von einer beispiellosen Ausweitung digitaler Technologien, die die Produktion, unser Arbeitsumfeld und unser tägliches Leben umfassen. Online-Kommunikation, Online-Zusammenarbeit, Online-Banking, Online-Shopping und dergleichen sind in unserem Alltag allgegenwärtig geworden.

Welchen Sinn hat es also nun, in der ohnehin schon verwirrenden Vielfalt digitaler Zahlungsmöglichkeiten noch ein weiteres digitales Zahlungsinstrument zu schaffen? Will die Zentralbank mittels einer digitalen Bezahlmöglichkeit die Menschen überwachen und kontrollieren? Wird Bargeld verdrängt? All diese Fragen sind legitim und berechtigt und auf diese Sorgen muss eingegangen werden. Sicher ist: Der digitale Euro soll kein Überwachungsinstrument sein und Bargeld verdrängen; er ist vielmehr in gewissen Bereichen zu einer Notwendigkeit geworden und bringt zudem einige Vorteile mit sich.

Zunächst braucht die EZB den digitalen Euro in einer Welt mit internationalen digitalen Zentralbankwährungen, um weiterhin eigenständig Geldpolitik betreiben zu können. Trotz zahlreicher gesamteuropäischer Initiativen in der Vergangenheit ist es dem europäischen Privatsektor bisher nicht gelungen, eigene digitale Zahlungslösungen für den gesamten Euroraum bereitzustellen. Der digitale Euro kann die Unabhängigkeit Europas im Bereich des Zahlungsverkehrs und Finanzsektors stärken und er kann in einer digitalen Welt als monetärer Anker für die Geldpolitik gesehen werden.

Der digitale Euro wird nämlich für stärkere Zahlungsverkehrs-Autonomie und Wettbewerbsfähigkeit in Europa sorgen. Er erschwert das weitere Vordringen großer Technologieunternehmen in den Zahlungsverkehr durch die Bereitstellung einer sicheren Alternative, reduziert geopolitische Abhängigkeiten und erhöht die strategische Autonomie. Im Gegensatz zu Bargeld ist die digitale Zahlungslandschaft fragmentiert und in hohem Maße von Komponenten (Apps, Karten, Netzwerken) abhängig, die von privaten Unternehmen außerhalb des Euroraums hergestellt und kontrolliert werden. In Österreich gilt das sogar für rund 80 Prozent der elektronischen Zahlungen. Mit der fortschreitenden Digitalisierung ist die Möglichkeit des digitalen Bezahlens zu einer kritischen Infrastruktur geworden. Wir können die Kontrolle über diese kritische Infrastruktur nicht vollkommen Akteuren außerhalb unseres Hoheitsgebiets überlassen.

Diese Reduktion der Abhängigkeit von anderen Wirtschaftsräumen heißt aber weder, dass diese anderen Zahlungsanbieter komplett ausgesperrt, noch dass der heimische Geschäftsbankensektor durch den digitalen Euro ersetzt werden soll. Der Privatsektor bleibt Vertriebspartner für Zentralbankgeld im Kundenverkehr und wird die Palette seiner bisherigen Geschäftsfelder einfach um ein zusätzliches Angebot erweitern können. Die Zentralbanken arbeiten bei der Entwicklung des digitalen Euro auch an Vorkehrungen, damit der digitale Euro die Geschäftstätigkeit des Bankensektors in Kontoführung und Zahlungsverkehr nicht komplett ersetzt oder existenziell bedroht.

Und nicht zuletzt ermöglicht der digitale Euro einen Zugang zu finanziellen Dienstleistungen für alle und sorgt somit für finanzielle Inklusion. Er soll das Leben der Bürger:innen erleichtern, insbesondere dort, wo Bargeld nicht oder nur schwer verwendet werden kann – und das ohne Zusatzkosten. Der digitale Euro wird sicher und benutzerfreundlich sein und kann – aber muss nicht – von den Bürger:innen kostenfrei verwendet werden. Weil die Notenbanken keine Kundendaten sehen und speichern, bleibt auch die Privatsphäre gewahrt.

Rund 93 Prozent der Notenbanken weltweit arbeiten aktuell an digitalem Zentralbankgeld. In Europa hat die Europäische Kommission im Juni 2023 einen Vorschlag für den gesetzlichen Rahmen auf den Weg gebracht, der sowohl die allgemeine Akzeptanz von Bargeld als auch eines künftigen digitalen Euro klären und sichern soll. Gleichbehandlung der Annahmepflicht von Bargeld und digitalem Euro in Unternehmen und die Definition sinnvoller Ausnahmeregelungen sind in dem Entwurf besonders hervorzuhebende Punkte. Wird dieser Vorschlag umgesetzt, stünde für die Menschen im Euroraum in einigen Jahren digitales Zentralbankgeld als weitere Zahlungsmöglichkeit zur Auswahl.

Der digitale Euro soll Bargeld bereichern, also ergänzen, und ihm möglichst stark ähneln, was die Sicherheit und den Schutz der Privatsphäre betrifft. So wie Münzgeld irgendwann um Papiergeld bereichert wurde, ohne verdrängt zu werden, könnte der digitale Euro bald Münz- und Papiergeld ergänzen, und wir können uns sicher sein: Die drei werden gut miteinander auskommen.

Robert Holzmann studierte Wirtschaftswissenschaften in Graz, Grenoble und Wien und habilitierte sich 1983 an der Universität Wien. Von 1985 bis 1986 arbeitete er als Ökonom bei der Organisation für wirtschaftliche Zusammenarbeit und Entwicklung, dann beim Internationalen Währungsfonds und war danach Professor an der Universität des Saarlandes. Von 1997 bis 2011 hatte er leitende Positionen bei der Weltbank und war danach als Professor an den Universitäten in Kuala Lumpur und Sydney tätig. Seit September 2019 ist er Gouverneur der Oesterreichischen Nationalbank (OeNB).

ÖSTERREICH ALS INKUBATOR EINER EU-INDUSTRIEPOLITIK IN OSTMITTELEUROPA

Mario Holzner

Lange galt sie vielen Ökonom:innen und Politiker:innen als gescheitertes wirtschaftspolitisches Konzept. Im Zuge von Klimakrise, Ukraine-Krieg, Corona-Pandemie, Lieferkettenproblemen und dem geopolitischen Konflikt zwischen den USA und China feiert sie nun aber ein fulminantes Comeback. Die Rede ist von der Industriepolitik. Besonders bei den grünen Technologien im Kampf gegen den Klimawandel oder der Halbleiterindustrie vollzieht sich derzeit ein industriepolitisches Wettrüsten zwischen Washington und Peking. Europa hat dem bisher nur wenig entgegenzusetzen und reagierte vergleichsweise spät und zaghaft. Während China und die USA klotzen, kleckert die Europäische Union und droht zwischen beiden Machtblöcken zerrieben zu werden.

Bereits 2015 verabschiedete die chinesische Regierung ein weitreichendes Strategiepapier mit dem richtungsweisenden Titel »Made in China 2025« und stellte dafür rund 1,7 Billionen (!) US-Dollar bereit. Es sieht vor, das bevölkerungsreichste Land der Erde in zehn Schlüsseltechnologiebereichen an die Weltspitze zu führen. Gelingen soll das unter anderem bei E-Autos, erneuerbaren Energien, künstlicher Intelligenz, in der Informationstechnologie oder der Bahnindustrie. Denkt man an die aktuelle Flut preisgünstiger chinesischer Elektroautos, die die europäische Autoindustrie erzittern lassen, die Technologieführerschaft chinesischer Konzerne beim neuen Mobilfunkstandard 5G oder die günstigen Lockangebote des weltgrößten

Schienenfahrzeugherstellers CRRC in Europa, scheint diese Strategie zumindest teilweise bereits aufgegangen zu sein.

In den USA unterzeichnete Präsident Joe Biden im August 2022 mit dem Inflation Reduction Act ebenfalls ein umfangreiches Gesetzespaket zum grünen Umbau der amerikanischen Wirtschaft im Umfang von 738 Milliarden US-Dollar. Davon entfallen 369 Milliarden auf Subventionen und Steueranreize für den Bereich Umwelttechnologien, die teilweise nur dann gewährt werden, wenn Firmen ihre Produktion in den USA ansiedeln. Für die EU ist das eine Kampfansage, weil sie bei Green-Tech-Industrien, bei denen sie früher führend war, gegenüber den USA und China immer mehr ins Hintertreffen gerät.

Trotzdem dauerte es nach der amerikanischen Entscheidung sieben Monate, bis sich die EU-Kommission mit dem Vorschlag eines »Net-Zero Industry Act« zu einer Antwort aufraffen konnte. Die darin ventilierte Idee eines »Souveränitätsfonds« zur Förderung von Unternehmen, die für die Dekarbonisierung Europas von Bedeutung sind, wurde mittlerweile wieder verworfen. Am Tisch liegt damit noch das Ansinnen, die wegen des Ausbruchs der Covid-Pandemie im März 2020 zeitweilig gelockerten EU-Regeln für Staatsbeihilfen dauerhaft aufzuweichen. Zudem kann sich die EU-Kommission nach dem Vorbild des Inflation Reduction Act bei öffentlichen Ausschreibungen auch einen verpflichtenden Wertschöpfungsanteil in der EU, also eine »Made in Europe«-Klausel vorstellen. Das EU-Corona-Wiederaufbauprogramm stellt kein gutes Substitut für eine gezielte EU-Industriepolitik dar, zumal es weitgehend bestehende, nationale Projekte fördert und kaum Projekte mit einem EU-Mehrwert.

Man muss kein Hellseher sein, um zu erkennen, dass diese Maßnahmen bei weitem nicht ausreichen werden, um die europäische Industrie auf Dauer wettbewerbsfähig zu halten. Auch dann nicht, wenn Brüssel Strafzölle auf hochsubventionierte Produkte aus China oder den USA verhängt und man die Förderung der europäischen

Halbleiterindustrie mit 43 Milliarden Euro im Rahmen des European Chips Act noch dazurechnet.

Was es braucht, ist ein gesamteuropäischer Ansatz zur Schaffung von Vorzeigeunternehmen in Schlüsselindustrien, die auch über die kritische Masse verfügen, um es mit den Konkurrenten aus China und den USA aufzunehmen. Das Vorbild schlechthin ist dabei Airbus. Dem von der Politik initiierten und mit Steuergeld mitaufgebauten europäischen Luft- und Raumfahrtkonzern ist es nicht nur gelungen, das amerikanische Quasimonopol bei Verkehrsflugzeugen aufzubrechen und zum größten Hersteller der Welt aufzusteigen. Daneben etablierte Airbus auch eine hochmoderne Rüstungs- und Raumfahrtsparte, die den Europäern in diesen Bereichen zum ersten Mal eine gewisse Unabhängigkeit von den USA erlaubte. Angesichts des Ukraine-Krieges kann diese Leistung gar nicht hoch genug bewertet werden, schließlich könnte die Rüstungssparte von Airbus zum Nukleus einer wirklich europäischen Verteidigungsindustrie avancieren.

Naheliegend wäre in Europa die Schaffung eines Airbus für Hochgeschwindigkeitszüge oder im Schiffbau. Bestrebungen in diese Richtung gab es, allerdings scheiterte etwa der Zusammenschluss der Bahnsparten von Siemens (Deutschland) und Alstom (Frankreich) an den Wettbewerbshütern in Brüssel, die ein Monopol bei Schnellzügen in Europa befürchteten, gleichzeitig aber die drohende Konkurrenz aus China ausblendeten. Die Reform des europäischen Wettbewerbsrechts ist daher eine Conditio sine qua non für eine neue europäische Industriepolitik.

Gerade die ostmitteleuropäischen EU-Mitglieder dürften von ihr enorm profitieren, da ihr bisheriges Wachstumsmodell als »verlängerte Werkbank« westlicher Konzerne zunehmend an seine Grenzen stößt. Österreich könnte dabei im Rahmen der sogenannten Drei-Meere-Initiative eine Schlüsselrolle spielen. Diese strebt die Stärkung der politischen und wirtschaftlichen Zusammenarbeit in

Ostmitteleuropa zwischen Ostsee, Adria und Schwarzem Meer an. Neben der Alpenrepublik gehören ihr alle EU-Mitglieder der Region einschließlich Griechenlands an. Gerade Österreich mit seinen traditionell sehr engen Beziehungen zu den EU-Mitgliedern Ostmitteleuropas, das aber auch zum politischen und wirtschaftlichen Kern der EU gehört, wäre in einer idealen Position, um als Inkubator und Koordinator einer neuen europäischen Industriepolitik in diesen Ländern aufzutreten. Während die meisten Länder der Region schon mit dem Ausschöpfen der aktuellen EU-Fördertöpfe an die Grenzen ihrer staatlichen Kapazitäten stoßen, hätte Österreich die institutionellen Potenziale, um eine regionale Politikabstimmung für die EU-Ebene voranzubringen. Ein Ziel müsste dabei sein, den Ostmitteleuropäern mehr politisches Gewicht in Brüssel zu verleihen, um auf ihre speziellen Bedürfnisse einzugehen. Wie bei Airbus beträfe die heikelste Frage bei der Formierung neuer Gemeinschaftsunternehmen wohl die Auswahl der Produktionsstandorte. Da die meisten ostmitteleuropäischen EU-Mitglieder weder über föderale Strukturen noch über einen voll ausgebauten Sozialstaat verfügen, sollten dabei vor allem strukturschwache Gebiete zum Zug kommen. Andernfalls droht ein weiteres Auseinanderdriften zwischen den ökonomischen Zentren und der Peripherie, mit allen politischen und sozialen Folgen. Großbritannien ist ein abschreckendes Beispiel dafür, wie die Deindustrialisierung im Norden der Insel politischem Populismus Auftrieb verlieh, der schließlich im EU-Austritt des Landes gipfelte.

Österreich als Koordinator einer neuen europäischen Industriepolitik in Ostmitteleuropa müsste sich auch ihrer Finanzierung widmen. Angesichts der vielen hundert Milliarden, die Peking und Washington dafür aufwenden, braucht es dafür eine Aufstockung des EU-Budgets von bisher rund einem Prozent des BIP auf zumindest drei oder vier Prozent der EU-Wirtschaftsleistung. Die fiskalisch – wie Österreich – bisher sehr frugalen Ostmitteleuropäer stehen sich dabei selbst im Weg, weil gerade sie am allermeisten von einem höheren EU-Budget profitieren würden. Neben den direkten Vorteilen für Österreichs Industrie, beispielsweise im Eisenbahnwesen, gäbe es auch eine Fülle positiver indirekter Effekte, die sich aus der intensiven Verflechtung von Österreichs Wirtschaft mit Ostmitteleuropa ergeben. Vorschläge für die Finanzierung eines größeren EU-Haushalts liegen zur Genüge auf dem Tisch. Diese reichen von eigenen EU-Steuern wie einer Finanztransaktionssteuer, über gemeinsame Anleihen aller EU-Mitglieder bis hin zu EU-Bonds, die die EZB nach einer Änderung der Verträge zum Großteil selbst aufkaufen könnte. Den entsprechenden politischen Willen vorausgesetzt, sollte eine adäquate Dotierung also machbar sein.

Genau das – die Schaffung des politischen Willens für eine neue europäische Industriepolitik unter Austarierung der verschiedenen Bedürfnisse in Ostmitteleuropa – wäre für Österreich eine große Chance, sich als starker europapolitischer Akteur zu positionieren. Sie läge auch im ureigensten Interesse des mit der Region so eng verflochtenen Landes.

Mario Holzner ist Direktor des Wiener Instituts für Internationale Wirtschaftsvergleiche (wiiw) und war 2023 Fellow der Generaldirektion Binnenmarkt, Industrie, Unternehmertum und KMU (DG GROW) der Europäischen Kommission.

NEUE EU-BEITRITTSKRITERIEN: FUNKTIONIERENDER SOZIALER DIALOG UND ARBEITNEHMER:INNEN-RECHTE

Wolfgang Katzian

Die Europäische Union wächst. Seit dem Vertrag von Maastricht vor 30 Jahren hat sich die Zahl der Mitgliedstaaten von 12 auf 27 mehr als verdoppelt. Neun weitere Staaten sind als sogenannte Beitrittsländer offiziell auf dem Weg in die Staatengemeinschaft. Der deutsche Bundeskanzler Olaf Scholz sprach im Herbst 2022 sogar von einer Erweiterung auf bis zu 36 Mitgliedstaaten.

In Zeiten großer geopolitscher und wirtschaftlicher Spannungen ist dieser Trend besonders zu begrüßen. Starker innereuropäischer Zusammenhalt ist jedoch wichtiger denn je.

Allein auf die Größe kommt es dabei nicht an. Wir müssen uns die Frage stellen, was die Wertegemeinschaft EU konkret ausmacht und welche Anforderungen wir an neue Mitglieder stellen. Die existierenden Voraussetzungen für die EU-Mitgliedschaft greifen zu kurz. Bekannt als »Kopenhagener Kriterien« stellen sie in erster Linie auf eine funktionierende Marktwirtschaft, stabile Demokratie, Rechtsstaatlichkeit und vor allem Wettbewerbsfähigkeit ab. Was komplett fehlt, sind sozialpolitische Kriterien, obwohl sie das europäische Lebensmodell eigentlich ausmachen. In keinem derzeitigen Beitrittsland sind Gewerkschaften klar verankert oder Kollektivverträge ausreichend etabliert. Sozialer Dialog, Gewerkschaftsrechte und faire Arbeitsbedingungen müssen daher als Markenzeichen der EU etabliert werden.

Die EU muss sich dazu intern verstärkt in Richtung Sozialunion weiterentwickeln sowie frühzeitig, bereits im Beitrittsprozess, die Weichen für eine sozialpolitisch friktionsfreie Erweiterung stellen.

Gerade vor dem Beitritt, im »Heranführungszeitraum«, finden viele Reformen statt, die sich später kaum noch nachholen lassen. Die Beitrittsländer werden finanziell und mit Knowhow unterstützt. Es wäre ein unverzeihliches Versäumnis, nicht schon zu diesem Zeitpunkt mit dem Aufbau unabhängiger Gewerkschaften, eines funktionierenden sozialen Dialogs sowie von Kollektivvertragsverhandlungen zu beginnen.

Schon bei den EU-Erweiterungen 2004 und 2007 wurden die unterschiedlichen Voraussetzungen der Mitgliedstaaten nicht ausreichend berücksichtigt, notwendige Schritte zur Anpassung wurden auch seither nicht gesetzt. Die EU konnte ihr Wohlstandsversprechen in diesen Ländern bis heute nicht einlösen. Besonders tschechische und slowakische Gewerkschaften klagen seit vielen Jahren darüber, dass ihre Mitglieder in den Betriebsstätten internationaler Konzerne zwar ebenso effizient sind wie ihre deutschen oder österreichischen Kollegen und Kolleginnen, aber für diese gleichwertige Arbeit vom selben Arbeitgeber bestenfalls nur den halben Lohn bekommen.

Auch in vielen anderen mittel- und osteuropäischen Ländern hinkt die Lohnentwicklung der Produktivität immer weiter hinterher. Heute ist der österreichische Stundenlohn viermal höher als in Rumänien, Ungarn und Polen, dreimal höher als in Tschechien.

Das führt zu Verwerfungen auf allen Seiten. Massive Abwanderung treibt den Arbeitskräftemangel in den Niedriglohnländern auf die Spitze, Lohn- und Sozialdumping bringen ganze Industriezweige in den Empfängerstaaten an den Rand des Zusammenbruchs. Die Enttäuschung über die EU nimmt folglich zu. Laut einer aktuellen Eurobarometer-Umfrage gehören Ungarn, Tschechien und die Slowakei zu den Top 5-Ländern, die die Zukunft der EU ganz besonders pessimistisch einschätzen.

Woran liegt das? An schwachen Gewerkschaften, die sich seit dem Fall des Eisernen Vorhangs nicht etablieren konnten und quasi bei null gestartet sind; an fehlenden Kollektivverträgen und am Wettbewerbsdruck, der durch einen Binnenmarkt, in dem die Unternehmerrechte das Maß aller Dinge sind, aufgeheizt wird.

Österreich hat aufgrund seiner Lage, historischen Erfahrung und engen wirtschaftlichen Verflechtung mit den Beitrittskandidaten die Verantwortung, sich hier besonders stark einzubringen. Die österreichische Sozialpartnerschaft ist ein unbestrittenes Erfolgsrezept. Wir müssen andere Länder beim Aufbau vergleichbarer Strukturen unterstützen und ihnen bei den Verhandlungsprozessen auf europäischer Ebene eine Stimme verleihen.

Der Trend zu einem sozialeren Europa muss sich auch im Erweiterungsprozess widerspiegeln. Ein gewisser Standard an Arbeitnehmerinnen- und Arbeitnehmerrechten kann so schon vor dem Beitritt erreicht werden. Das wäre auch in Einklang mit der generellen Positionierung und Entwicklung der EU. Mit vorsichtigem Optimismus ist festzustellen: Die EU entwickelt sich langsam weg vom reinen Binnenmarkt. Mit der Säule der Sozialen Rechte und noch konkreter mit der Richtlinie über angemessene Mindestlöhne hat die EU klare Ziele festgelegt. Etwa ein Mindestmaß bei der Kollektivvertragsabdeckung – nämlich von 80 Prozent –, das jedes Mitgliedsland anstreben muss. Für viele Länder – Schlusslicht ist Estland mit sechs Prozent – ist das ein langer Weg und ein fernes Ziel. Umso wichtiger ist es, früh anzufangen – und zwar schon vor dem Beitritt.

Trotz positiver Entwicklung: Um den aktuellen Kandidatenstaaten in Zukunft einen ähnlichen Katzenjammer wie nach den ersten beiden Phasen der EU-Osterweiterung zu ersparen, muss die EU die bekannten Schwachstellen ausbessern.

Eine wesentliche Rolle kann hier die bereits existierende Europäische Arbeitsbehörde mit Sitz in Bratislava spielen. Ihre Aufgabe ist es, grenzüberschreitend tätige Arbeitnehmerinnen und Arbeitnehmer besser vor Ausbeutung zu schützen. Sie muss dafür jedoch weiter aufgewertet und mit den notwendigen Kompetenzen ausgestattet werden. Über die Verpflichtung nationaler Behörden zur Zusammenarbeit muss sie den grenzüberschreitenden Vollzug sicherstellen können. Strafbescheide müssen also tatsächlich exekutierbar sein, so wie das bei Verkehrsstrafen seit langem EU-weit funktioniert.

Österreich sollte sich seiner Vorbildrolle in Bezug auf gute Sozialpartnerschaft auf EU-Ebene stärker bewusstwerden und entsprechende Initiativen stärker vorantreiben. In den Verhandlungen der verschiedenen Initiativen der Europäischen Säule der Sozialen Rechte hat Österreich nur eine abwartende, passive Rolle eingenommen. Das muss sich ändern: Vorstöße wie die Mindestlohn-Richtlinie haben zwar keine direkte Auswirkung auf unsere Rechtsordnung, aber sie verändern ganz wesentlich die Gewichtung in der EU.

Wolfgang Katzian ist Präsident des Österreichischen Gewerkschaftsbundes und seit Mai 2023 Präsident des Europäischen Gewerkschaftsbundes. Er ist außerdem Mitglied des Vorstands des Internationalen Gewerkschaftsbundes sowie Mitglied des Verwaltungsrates des Gewerkschaftlichen Beratungsausschusses bei der OECD.

WIE DIGITALE UND DATENBASIERTE LÖSUNGEN ZU EINER NACHHALTIGEREN UND RESILIENTEREN WERTSCHÖPFUNG BEITRAGEN KÖNNEN

Peter Klimek

Die EU hat mit dem Green Deal eine ehrgeizige grüne Wachstumsstrategie formuliert. Gleichzeitig ist Europa als Kontinent vergleichsweise arm an natürlichen Ressourcen, die wir aber dringend brauchen, um unsere grünen Ziele zu erreichen. Bei diesem Streben nach nachhaltigem Wachstum steht die EU in Partnerschaft und Rivalität mit anderen Regionen der Welt. In den letzten Jahrzehnten hat Europa jedoch in vielen Bereichen seine Technologieführerschaft verloren. Zuerst bei den Rohstoffen und der Mikroelektronik, dann bei der Photovoltaik und den Batterien. Nun steht zunehmend die Automobilbranche im Fokus. Gleichzeitig findet in der Halbleiterindustrie ein internationaler Subventionswettlauf statt. In dieser Schlüsselindustrie für die grüne Wende will Europa nun seine strategischen Abhängigkeiten deutlich reduzieren.

In all diesen Bereichen wird deutlich, dass der Erfolg des Green Deal – und damit die Transformation der technologischen Basis unseres gesellschaftlichen Wohlstands – für Europa ganz wesentlich von unserer Einbindung in globale Wertschöpfungsketten abhängt. Das Problem ist nur, dass wir oft nicht wissen, wie diese tatsächlich aussehen. Unternehmen kennen natürlich ihre direkten Zulieferer und ihre Kunden. Aber die Zulieferer der Zulieferer sind oft nicht bekannt. Neuralgische Punkte in den immer komplexer werdenden

Wertschöpfungsnetzwerken, das heißt kritische Produkte oder Dienstleistungen, die schwer ersetzbar sind und von denen viele andere Prozesse abhängen, werden daher oft erst dann als solche erkannt, wenn etwas passiert. Beispiele dafür gab es in den letzten Jahren genug, von geopolitischen Konflikten über Pandemien bis hin zu einzelnen Schiffen, die den Suezkanal verstopften.

Die Unkenntnis dieser Lieferketten ist besonders brisant vor dem Hintergrund, dass es in Europa zunehmend Bestrebungen gibt, die Verantwortung von Unternehmen für die Einhaltung von Menschenrechten und Umweltstandards auch auf ihre Zulieferer auszudehnen. Die Rede ist von der Sorgfaltspflicht in der Lieferkette. Jüngste Forschungen zeigen jedoch, dass diese Lieferketten unglaublich dicht geknüpfte Netzwerke sind. Große Unternehmen haben bis zu zehntausend Lieferanten und bis zu hunderttausend Kunden. Ein Großteil der Weltwirtschaft ist also direkt oder indirekt über Lieferbeziehungen miteinander verbunden. Dies wirft die Frage auf, wie eine effektive Regulierung dieser globalen Liefernetzwerke aussehen könnte.

Wir befinden uns nicht nur in einer Transformation zu mehr Nachhaltigkeit, sondern auch zu einer digitaleren Wirtschaft, der sogenannten Twin Transition. Diese bietet einen sehr konkreten Ansatzpunkt, um viele unserer Lieferkettenprobleme anzugehen, von der Sorgfaltspflicht bis hin zu strategischen Abhängigkeiten.

Die aktuellen Vorschläge zur Umsetzung der Sorgfaltspflicht in der Lieferkette zielen darauf ab, dass Unternehmen ihre Zulieferer selbst überprüfen, was de facto staatliche Aufgaben (Einhaltung der Menschenrechte) an Unternehmen delegiert und einen Fleckerlteppich an Umsetzungsformen fördert. In einer digitalen Wirtschaft ist dies nicht mehr zeitgemäß. Immer mehr Länder erfassen ihre Lieferketten nämlich lückenlos und digital über elektronische Rechnungen. Diese Entwicklung wird nun von der EU mit dem Vorschlag »ViDA«, »VAT in the digital age«, proaktiv gefördert.

Ziel von ViDA ist die Bekämpfung des Steuerbetrugs. So soll die elektronische Rechnungsstellung in den Mitgliedstaaten gefördert und harmonisiert werden, verbunden mit Umsatzsteuererklärungspflichten und klaren Spielregeln für die Plattformwirtschaft. Damit sollen beispielsweise Umsatzsteuerkarusselle verhindert werden. Die EU-Kommission schätzt, dass die Mitgliedstaaten dadurch in den nächsten zehn Jahren elf Milliarden Euro mehr an Steuereinnahmen erhalten.

Österreich sollte diesen Vorschlag zur Digitalisierung nicht nur unterstützen, sondern auch die Möglichkeit der Sekundärnutzung von Steuerdaten für andere Zwecke in Betracht ziehen. Diese Daten wären ein Game-Changer für die Umsetzung der Sorgfaltspflicht in der Lieferkette. Wenn Zahlungsdaten mit dem In- und Ausland zentral verfügbar sind, müssen Unternehmen nicht mehr alle ihre Lieferanten in aufwändigen Prozessen selbst überprüfen. Zahlungsinformationen könnten dann automatisch und auf Knopfdruck mit Positiv- oder Negativlisten problematischer Unternehmen abgeglichen werden. Für die Unternehmen entstünde kein Mehraufwand. Im Gegenteil: Sie könnten automatisch informiert werden, wenn Menschenrechtsverletzungen in ihrer Lieferkette bekannt werden, und entsprechend reagieren. Die Sorgfaltspflicht in der Lieferkette wäre dann mit der Steuererklärung erledigt.

Es liegt auf der Hand, dass E-Invoices auch eine genauere Kenntnis strategischer Verflechtungen innerhalb und außerhalb der EU auf Unternehmensebene ermöglichen. Dazu müssen sie lediglich mit Zolldaten verknüpft werden, die qualitativ bereits sehr gut verfügbar sind. Stresstests der Lieferkette können dann datenbasiert durchgeführt werden, wie es zum Beispiel in der Finanzwelt längst üblich ist. Unternehmen, deren Ausfall zu größeren Störungen in anderen Wirtschaftsbereichen führen kann, können so vollständig erfasst werden. Informationen aus Steuerdaten stärken somit auch die nationale und europäische Sicherheit.

Die Kenntnis der Produktionsnetzwerke ist auch für die Identifizierung von Ansatzpunkten zur Dekarbonisierung von entscheidender Bedeutung. So wie Menschenrechtsverletzungen entlang der Lieferkette sichtbar gemacht werden sollten, gilt dies auch für Abhängigkeiten von Unternehmen mit hohem Carbon Footprint oder anderen nicht nachhaltigen Geschäftspraktiken. So können Anreizsysteme gestaltet werden, um Abhängigkeiten von solchen Unternehmen zu reduzieren und gleichzeitig sicherzustellen, dass systemrelevante Wirtschaftskreisläufe nicht geschädigt werden.

Es ist wichtig zu betonen, dass solche Informationen keinesfalls für kleinteilige Regulierungen genutzt werden sollten, wie dies mancherorts auch ohne Daten bereits geschieht. Ziel muss es vielmehr sein, Anreizsysteme zu schaffen, die dazu führen, dass die Märkte die genannten Risiken internalisieren und selbst ausgleichen, etwa durch intelligente CO_2-Bepreisungssysteme auf Basis der Emissionen entlang der gesamten Lieferkette. Wenn solche Mechanismen eingeführt werden, können die Daten der E-Invoicing-Systeme auch dazu genutzt werden, um zu beobachten, ob die Regulierung den gewünschten Erfolg hat oder nicht. Datenschutzrechtliche Aspekte müssen ebenfalls berücksichtigt werden. Hier gibt es aber bereits Vorbilder mit der Schaffung von europäischen Datenräumen, wie sie derzeit im Gesundheitsbereich vorangetrieben werden.

Es braucht jetzt starke internationale Allianzen, um globale Wertschöpfungsnetzwerke sichtbar und steuerbar zu machen. Immer mehr Länder erheben Lieferkettendaten auf Unternehmensebene. Allerdings beschränken sich die Bemühungen fast immer auf die nationale Ebene. Die Datenlage bleibt daher fragmentiert und unvollständig. Österreich sollte eine Vorreiterrolle bei der Bildung internationaler Allianzen zur Verknüpfung solcher Daten einnehmen. Mit dem Austrian Microdata Center (AMDC) wurde kürzlich ein Ort geschaffen, an dem dies unter Einhaltung aller datenschutzrechtlichen Standards geschehen kann. Im AMDC sind bereits Lieferkettendaten auf Unternehmensebene für Österreich verfügbar, die im Rahmen der EU-Außenhandelsstatistik Intrastat erhoben werden. Würden diese Daten mit anderen – zunächst europäischen – Steuer- und Außenhandelsdaten verknüpft, könnte der Nutzen und die Machbarkeit einer Vernetzung globaler Unternehmensdaten demonstriert werden. Mit ViDA könnten dann auf europäischer Ebene die rechtlichen Rahmenbedingungen für eine vollständige Erfassung der europäischen Wertschöpfungsnetzwerke geschaffen werden. Österreich könnte also einiges dazu beitragen, die grüne Wende aktiv zu gestalten und nicht nur von Krise zu Krise zu hecheln.

Peter Klimek ist Direktor des Supply Chain Intelligence Institute Austria (ASCII), hat eine assoziierte Professur an der Medizinischen Universität Wien inne und ist Fakultätsmitglied am Complexity Science Hub Vienna. Seine Forschung soll unser Verständnis und unsere Fähigkeit zur Vorhersage komplexer sozioökonomischer Systeme verbessern, von Gesundheitssystemen zu Produktionsnetzwerken. Er ist Autor von circa 100 wissenschaftlichen Publikationen, erhielt den Paul-Watzlawick-Ehrenring und wurde zum österreichischen Wissenschaftler des Jahres 2021 ernannt.

DAS AUFNAHMELAND ÖSTERREICH ALS VORBILD FÜR EIN STARKES, DEMOKRATISCHES UND OFFENES EUROPA

Judith Kohlenberger

Kaum ein Thema entzweit die Europäische Union so sehr wie Migration – ein Gemeinplatz, der aber angesichts der jüngsten Entwicklungen der letzten Jahre, von Asylrechtsreform bis zum Schiffbruch vor Pylos, zutreffender ist als je zuvor. Als Binnenland gibt sich Österreich bevorzugt defensiv, was seinen Beitrag zur europäischen Asylverantwortlichkeit betrifft. Dabei wäre es gleichzeitig souveräner und wirksamer, die hohe Aufnahmekompetenz und -kapazität hierzulande als Erfolg und nicht als Scheitern zu begreifen und dementsprechend auf europäischer Ebene zu verkaufen. Denn unsere Stärke liegt gerade in der Einhaltung rechtsstaatlicher Prinzipien, wozu das Recht auf Asylantragstellung und Einzelfallprüfung zählt. Diese Prinzipien halten österreichische Gerichte und Behörden hoch, im Gegensatz zu einer zunehmenden Zahl an Mitgliedstaaten, die sie zu unterwandern suchen.

So hat Polen im Grenzkonflikt mit Belarus im Winter 2021/22, als im Hintergrund bereits Putin die Strippen zog, die Rückweisung Geflüchteter im nationalen Recht legalisiert, mit Sanctus der EU. Berichterstattung über und medizinische Versorgung von Flüchtlingen im Grenzgebiet wurden eingeschränkt. Auch Ungarn verstößt gegen EU-Asylregeln, wie jüngst ein EuGH-Urteil feststellte. Die Möglichkeit zur Asylantragstellung ist nicht mehr gegeben, ins Asylsystem gelangt man nur über eine Absichtserklärung in den Botschaften Kiews und Belgrads – der meist nicht stattgegeben wird.

Für Schutzsuchende bedeutet das Zurückweisung nach Osten oder Weiterwinken in den Westen. Und Griechenland ist seit Jahren im offenen Bruch mit der EU-Aufnahmerichtlinie, etwa indem es den Zugang von Asylberechtigten zu Lebensmittelversorgung und Wohnraum massiv eingeschränkt hat. Im Frühling 2023 sorgte ein Video, das das von der griechischen Küstenwache assistierte Aussetzen geflüchteter Frauen, Männer und Kinder in aufblasbaren Booten auf hoher See zeigt, für internationales Medienecho – aber keine Sanktionen gegenüber Griechenland.

Tatsächlich bleiben völkerrechtswidrige Pushbacks, wie sie von Mitgliedstaaten und Beitrittskandidaten gleichermaßen durchgeführt werden, in den meisten Fällen folgenlos. Das Unrecht an Europas Außen- wie Innengrenzen und das damit verbundene Leid Schutzsuchender wird dadurch zunehmend normalisiert und durch das Ausbleiben von Sanktionen legitimiert.

Das lässt jene Mitgliedstaaten, die sich an geltendes EU-Recht halten, in einem Dilemma zurück. So auch Österreich, das im Jahr 2022 die vierthöchste Anzahl an Asylanträgen in der EU zu verzeichnen hatte. Zwar ziehen viele Asylantragstellende innerhalb weniger Wochen in westliche EU-Länder weiter, dennoch ist die Belastung des Asylwesens nicht von der Hand zu weisen. Aufgrund seiner geographischen Lage ist Österreich oft das erste Land auf ihrem Weg in die EU, das Migrant:innen nicht illegal zurückweist, sondern ihren Asylantrag entgegennimmt und ein faires Verfahren bietet. Genau dieses Hochhalten demokratischer Kernprinzipen aber als Schwäche zu werten, ist in Zeiten von Demokratieerosion und erstarkenden illiberalen Tendenzen fatal.

Statt über seine hohe Belastung in Dauerschleife zu lamentieren und »verschärfte« Asylregeln zu fordern, kann Österreich in punkto Rechtsstaatlichkeit im Asylbereich als Role Model innerhalb Europas wirken. Als ökonomisch erfolgreiches Einwanderungsland im Herzen Europas kann es auf hohe Aufnahmekompetenz und ein funktionierendes Asylwesen verweisen. Damit hat Österreich hohe Glaubwürdigkeit, um auf jene Länder in der EU einzuwirken, die sich der Solidarität unter den Mitgliedstaaten entziehen – allen voran Ungarn und Griechenland. Gerade Österreich kann sich für Vertragsverletzungsverfahren gegen diese Länder einsetzen und darauf hinwirken, dass in allen Mitgliedstaaten die Regeln, die sich die Union selbst gegeben hat, umgesetzt und eingehalten werden – auch und gerade im Asylbereich. Geschieht dies nicht, verteilt sich die Asylverantwortlichkeit ungleich auf einige wenige, deren Asylwesen dadurch über Gebühr unter Druck gerät. Das befeuert wiederum den *race to the bottom*, also die Nivellierung der Asyl- und Aufnahmestandards nach unten, und zersetzt damit auf lange Sicht den Zusammenhalt innerhalb der EU. Dagegen sollte Österreich aus einer selbstsicheren Positionierung heraus für Rechtsstaatlichkeit, Solidarität und Lastenteilung im europäischen Asylwesen eintreten. Wenig hilfreich in diesem Zusammenhang ist das singuläre Eintreten *gegen* einzelne Mitgliedstaaten, wie etwa Österreichs Veto gegen den Schengenbeitritt Rumäniens und Bulgariens im Dezember 2022. Derartige Alleingänge untergraben die gemeinsamen Anstrengungen der EU-27 für Grenzsicherung und freie Mobilität ihrer Bürger:innen.

Gestärkt durch seine Neutralität dürfte sich Österreich im Gegenteil auch heiße Eisen angreifen trauen. Etwa die heikle Frage, wie und unter welchen Bedingungen russische Dissident:innen in der EU aufgenommen werden sollen. Die Asylgewährung ist und bleibt Einzelfallprüfung, jedoch ist russischen Bürger:innen die legale Einreise aufgrund der geltenden Sanktionen praktisch versperrt. Junge, gebildete Menschen der (gehobenen) Mittelschicht sind oft die Ersten, die ihr Land im (Bürger-)Kriegsfall oder bei Regimewechsel verlassen. Diesen Menschen eine Zukunft in Sicherheit, Freiheit und Stabilität zu ermöglichen und sie am demokratischen Wertekanon teilhaben zu lassen, kann ein aktiver Beitrag sein, um die Transition

Russlands in eine post-Putin-Ära durch andere als militärische Mittel mitzugestalten.

Schätzungen des britischen Verteidigungsministeriums zufolge verließen allein im Jahr 2022 über eine Million Russ:innen das Land, doch nur ein Bruchteil von ihnen suchte in der EU um Asyl an; ein noch geringerer Anteil bekam es gewährt. Eine vertane Chance, zeigt doch die Forschung, dass Geflüchtete nicht nur finanzielle Transferleistungen in ihre Herkunftsländer überweisen, sondern auch demokratische – etwa Wissen über Wahlprozesse, Institutionalisierung neuer Formen der politischen Beteiligung oder Vermittlung demokratischer Prinzipien wie Gewaltenteilung oder Minderheitenschutz. Durch die Aufnahme und Integration von Geflüchteten kann das Wissen um und die Unterstützung von Demokratie im Herkunftsland steigen. Für die Zeit nach Putin – und diese wird, unter welchen Vorzeichen auch immer, kommen – wird genau das zentral sein, nicht nur für Russland selbst.

Für ein starkes und sicheres Europa muss sich Österreich mit all jenen inner- wie außereuropäischen Kräften solidarisieren, die die Grundwerte von Freiheit und Demokratie teilen und für diese eintreten. Als neutrales Land darf und will sich Österreich nicht militärisch einmischen, kann aber einen aktiven Beitrag durch die Aufnahme von ukrainischen Geflüchteten wie auch russischen Dissident:innen leisten, um dadurch innerhalb Europas vorzuleben, dass das Prinzip der Rechtsstaatlichkeit und der Zugang zu einem fairen Verfahren für *alle* gelten. In Verbindung mit einem selbstbewussten Eintreten für Solidarität und Verantwortungsteilung stärkt dies die Vorbildwirkung des seit Jahrzehnten erfolgreichen Aufnahmelands Österreichs als einer jener Mitgliedstaaten, der sich glaubhaft gegen Demokratieaushöhlung und für eine offene Gesellschaft einsetzt.

Judith Kohlenberger ist wissenschaftliche Mitarbeiterin am Institut für Sozialpolitik der WU Wien und affiliierte Forscherin am Österreichischen

Institut für Internationale Politik (oiip), wo sie zu Fluchtmigration, Integration und Zugehörigkeit forscht und lehrt. Ihre Arbeit wurde in wissenschaftlichen Journals veröffentlicht und mit dem Kurt-Rothschild-Preis sowie dem Förderpreis der Stadt Wien ausgezeichnet. Zuletzt erschienen: »Das Fluchtparadox« (2022) und »So schaffen wir das« (2023, mit Othmar Karas).

REFORM DES PENSIONSSYSTEMS: EUROPAS CHANCE AUF FINANZIELLE STABILITÄT UND GESTEIGERTE INNOVATION

Monika Köppl-Turyna

Europa steht vor einer demografischen Herausforderung. Im Jahr 2100 wird die Europäische Union voraussichtlich rund 419 Millionen Bürgerinnen und Bürger zählen, wovon 228 Millionen Personen im erwerbsfähigen Alter (15 bis 64 Jahre) und 136 Millionen Personen älter als 65 Jahre sein werden. Das bedeutet, dass jeder Pensionistin und jedem Pensionisten nur knapp mehr als 1,5 Personen im erwerbsfähigen Alter gegenüberstehen. Ähnlich sieht es in Österreich aus. In einigen Mitgliedstaaten, insbesondere in den osteuropäischen Ländern, sind die Zahlen noch alarmierender. Das bringt die öffentlichen Budgets massiv unter Druck und Europa sieht sich einem wachsenden Einfluss älterer Generationen ausgesetzt. Die Auswirkungen dieses demografischen Wandels machen sich bereits am Arbeitsmarkt bemerkbar, da die Pensionierungen der Babyboomer-Generation nicht nur die Kosten für Pensionszahlungen erhöhen, sondern auch den Arbeitskräftemangel verschärfen.

Die offensichtlichste Lösung für dieses Problem wäre eine Steigerung der Geburtenrate in Europa. Dies ist jedoch leichter gesagt als getan, und die Liste der wirtschafts- und sozialpolitischen Maßnahmen, die in der Vergangenheit erfolgreich die Geburtenrate erhöht haben, ist ebenfalls nicht sonderlich lang. Stattdessen müssen wir uns darauf konzentrieren, unsere Sozialsysteme an die neue Realität anzupassen. In diesem Zusammenhang sind die Pensionssysteme in Europa nahezu flächendeckend grundlegend zu reformieren.

Als Best-Practice-Beispiel innerhalb der Europäischen Union kann Dänemark herangezogen werden. Das dänische Pensionssystem besteht aus mehreren Stufen. Die erste Stufe umfasst die »Alters-pension« (Folkepension) und die freiwillige Vorruhestandspension (Tidlig Pension), die zusammen ein universelles, leistungsorien-tiertes und steuerfinanziertes Umlagesystem darstellen. Darüber hinaus sind fast alle Erwerbstätigen in Dänemark dem Zusatzpen-sionssystem ATP (Arbejdsmarkedets Tillægspension) unterwor-fen, einem kapitalgedeckten beitragsorientierten System. Personen ohne Erwerbstätigkeit oder Sozialleistungsbezug erhalten Beiträge von staatlicher Hand. Dieses System setzt nicht darauf, dass die Anzahl der Pensionist:innen langsamer steigt als die Anzahl der Erwerbstätigen, sondern darauf, dass tatsächliche Investitionen mit den Beiträgen getätigt werden. Die Beiträge der Mitglieder werden von der Pensionskasse selbst investiert und erzielten in den letzten 15 Jahren durchschnittliche Renditen von mehr als 4 Prozent. Die Ausgaben für öffentliche Pensionen belaufen sich auf 9 Prozent des BIP, was 4 Prozentpunkte unter dem österreichischen Niveau liegt und weiter auf 7 Prozent sinken wird. Gleichzeitig verfügen dänische Pensionist:innen teilweise über höhere Einkommen als Pensionist:innen in Österreich. Auch die Armutsquote im Alter ist in Dänemark niedriger als hierzulande. Das System wird durch ein höheres Pensionsantrittsalter als in Österreich zusätzlich ent-lastet. Die öffentlichen Finanzen sind stabil, die Schuldenquote ist rückläufig.

Dieses System bietet nicht nur Vorteile für die Pensionist:innen, sondern auch für die Wirtschaft. Europa ist leider nicht mehr so innovationsfreudig wie in der Vergangenheit. Im Bereich der Tech-nologieführerschaft gilt es aus vergangenen Fehlern zu lernen und grundlegend neue Ansätze zu schaffen. Dies bedeutet das Ende von Top-Down-Vorgaben, politischen Zielen und öffentlicher Förderung von Technologieprojekten. Die Europäische Union hat bereits solche Ansätze ausprobiert, die jedoch bislang nicht erfolgreich waren. Was es braucht, ist mehr Dynamik auf den Kapitalmärkten und mehr Investor:innen für neue Unternehmen und Innovationen. Zudem mangelt es an Vorgründungskapital und Risikokapital, um intelligente Ideen in die Tat umzusetzen. Professionelle Technologietransfer-Zentren müssen die akademische Forschung in vermarktbare Industrieforschung überführen. Vor allem aber sollen Regulierungen und Barrieren, welche die Gründung von Unternehmen erschweren oder sogar verhindern, drastisch reduziert werden. Hier ist Vertrauen und Mut erforderlich, den technologischen Wandel als Chance und nicht als Bedrohung zu sehen.

Dieses benötigte Kapital kann etwa von den Pensionskassen bereitgestellt werden. Bis Ende 2022 investierten die dänischen Pensionskassen mehr als 700 Milliarden Euro und damit fast das doppelte des österreichischen BIP – eine Summe, die nicht allein durch Steuergelder aufgebracht werden kann. In Dänemark gelten die Pensionskassen als die größten Risikokapitalgeber und Unterstützer innovativer Jungunternehmen. Darüber hinaus investieren sie in bedeutende Projekte zur Bewältigung des Klimawandels, wie etwa Offshore-Windparks. Pensionskassen sind besonders geeignet, strukturelle Veränderungen zu fördern, da sie naturgemäß über einen langen Planungshorizont verfügen. Die wirtschaftswissenschaftliche Literatur weist darauf hin, dass ohne Pensionskassen kein Silicon Valley entstanden wäre. Das dortige Ökosystem begann erst in den frühen 1980er Jahren Fahrt aufzunehmen, als Pensionsfonds damit anfingen, einen Teil ihres Kapitals in diese damals neue Anlageklasse zu investieren. Dies führte zu einem rapiden Zuwachs an Risikokapital. Ohne Pensionskassen gäbe es heute vermutlich weder Apple noch Amazon.

Wie kann Österreich nun einen Beitrag leisten? Indem wir mit gutem Beispiel vorangehen. Die aktuelle Situation in Österreich ist sogar noch dramatischer als in anderen Ländern: So belaufen sich die Ausgaben für Pensionist:innen auf über 13 Prozent des BIP, was um 6 Prozentpunkte höher ist als der Durchschnitt der entwickelten Länder. Diese Ausgaben werden auch in den kommenden Jahren weiter ansteigen. In dieser Gerontokratie fehlt es an finanziellen Ressourcen für Kindergärten, Klimaschutz und Innovationen. Im Spiel des Wandels gilt: Wer sich zuerst bewegt, gewinnt. Eine Reform würde Österreich und Europa daher sicherlich auf einen erfolgreichen Weg bringen. Österreich könnte eine Vorreiterrolle übernehmen, indem es entsprechende Maßnahmen im Bereich der Altersvorsorge und im Pensionssystem implementiert. Ein möglicher Schritt ist etwa die Einführung einer verpflichtenden erweiterten zweiten Säule im Pensionssystem. Diese zweite Säule würde nicht nur die finanzielle Sicherheit im Alter gewährleisten, sondern auch Kapital für zukunftsweisende Projekte wie die Energiewende bereitstellen. Zusätzlich dazu könnte Österreich weitere Aspekte des Pensionssystems überdenken. Dies beinhaltet die Neugestaltung der steuerlichen Anreize für private Altersvorsorge (die dritte Säule), die Anpassung des Pensionsantrittsalters und die Schaffung von Anreizen für längeres Arbeiten, beispielsweise durch eine reduzierte Besteuerung von Arbeitseinkommen.

Durch die Umsetzung dieser Maßnahmen könnte Österreich einen Weg aufzeigen, wie Altersvorsorge nicht nur für die individuelle Sicherheit im Alter, sondern auch zur Förderung von Innovation und Investitionen genutzt werden kann. Schließlich sollte es Österreichs Ziel sein, selbst zu einem Best Practice Beispiel innerhalb der Europäischen Union zu werden, und den Weg für eine erfolgreiche Zukunft Europas zu ebnen.

Monika Köppl-Turyna ist Direktorin von EcoAustria. Zu ihren Forschungsschwerpunkten zählen Öffentliche Finanzen, Verteilungsfragen, Arbeitsmarkt und Fragen der politischen Ökonomie. Sie ist Professorin an der

Seeburg Universität. Köppl-Turyna habilitierte sich im Sommer 2020 an der Johannes Kepler Universität Linz. Im aktuellen Ökonomen-Ranking 2021 von Presse/FAZ/NZZ belegt sie Rang 5 der einflussreichsten Ökonom:innen in Österreich.

KOSOVO-SERBIEN: EIN DIALOG »VON UNTEN« IST NÖTIGER DENN JE

Ulrike Lunacek

Ende September 2023 kam es in der Nähe des Dorfes Banjska im Norden des Kosovo zu einem Überfall serbischer Paramilitärs auf kosovarische Polizisten, einer davon überlebte nicht. Dieser Angriff macht nicht nur Kosovar:innen und nicht-Belgrad-treuen Serb:innen Angst: Nach dem russischen Angriffskrieg auf die Ukraine und der blitzartigen Eroberung und Annexion von Bergkarabach durch Aserbaidschan stehen auch die Zeichen zwischen den beiden ungleichen und völkerrechtlich immer noch nicht gleichberechtigten Nachbarn am Balkan auf Sturm, einige meinen auch auf Krieg.

Die Angst ist wieder da: Würde der serbische Präsident, Aleksandar Vučić, tatsächlich eine Annexion des kosovarischen Nordens oder auch der gesamten kleinen Republik in Auftrag geben wollen? Oder: Wenn er doch, wie einige meinen, rational genug ist, um zu wissen, dass das für ihn nicht gut ausgeht, auch wenn er sich der Unterstützung Putins gewiss sein könnte: Hat er jene im Griff, die das unbedingt wollen? Die den Kampftrupp im September mit massenweise Waffen, Geschoßen und gepanzerten Fahrzeugen versorgt haben?

Viele im Kosovo und bei Kosovos Verbündeten zweifeln.

Dieser Angriff, der nur durch das beherzte Eingreifen der kosovarischen Polizei nicht noch größere Ausmaße angenommen hat, macht klar, dass Feuer am Dach ist. Und dass »weiter wie bisher« keine Option sein darf – auch nicht in der einseitigen Haltung der EU: Der Rat der EU hatte nach dem kosovo-serbischen Boykott von Gemeindewahlen im Norden des Kosovo im Frühling »Maßnahmen«, etwa das Aussetzen hochrangiger Treffen, gegen die Regierung des Kosovo beschlossen. Nach dem brutalen Banjska-Angriff fand er jedoch nicht einmal klare Worte der Verurteilung gegen Serbien, geschweige denn wurden ähnliche »Maßnahmen« ergriffen. Außerdem wäre es angemessen gewesen, auch im Falle des Kosovo – dessen Beitrittsansuchen im Dezember 2022 gestellt wurde – zumindest analog zu Georgien im Herbst 2023 den EU-Kandidatenstatus zu empfehlen.

Der mittlerweile mehr als zehn Jahre alte »Dialog« zwischen der EU und den Regierungen Kosovos und Serbiens muss aktuell leider als gescheitert bezeichnet werden. Zur Erinnerung: begonnen wurde er von der damaligen EU-Außenbeauftragten Catherine Ashton 2010. Damals hatte der Internationale Gerichtshof geurteilt, dass die einseitige Unabhängigkeitserklärung des Kosovo nicht gegen internationales Recht verstößt. Die fünf Nichtanerkenner in der EU – Griechenland, Rumänien, die Slowakei, Spanien und Zypern – ließen sich schon damals und bis heute aus innenpolitischen Motiven nicht dazu bewegen, die jüngste Republik des Kontinents endlich völkerrechtlich anzuerkennen.

Jetzt ist es daher dringlicher denn je, die Gesprächsbasis zwischen und in den Zivilbevölkerungen der beiden Staaten wiederherzustellen beziehungsweise zu vertiefen. Aufgrund des neu erwachten Hasses wie auch der aufgeflammten Angst muss es gelingen, dem direkten Dialog zwischen Bürgerinnen und Bürgern wieder mehr Leben einzuhauchen. Und das muss heißen: Verständnis für einander, für die unterschiedlichen Narrative zu schaffen, Vorurteile abzubauen und gleichzeitig das Gemeinsame in den Vordergrund zu rücken, nämlich den die Menschen einenden Wunsch für ein »gutes Leben für alle« und für viele auch den Weg in die EU. Der Druck »von unten«, von der Bevölkerung, auf »die da oben«, also die jeweiligen Regierungen und Parlamente, muss unüberhörbar und unübersehbar werden. Erst dann werden diese – hoffentlich – verstehen lernen, dass sie zu einer friedlichen und zukunftsfähigen Lösung, zu einem Miteinander statt dem jetzt sich immer wieder aufschaukelnden Gegeneinander kommen müssen. Und sei es nur, weil sie bei den nächsten Wahlen wieder eine Chance haben wollen.

Die österreichische Bundesregierung kann und soll dabei – genauso wie die Regierungen anderer Mitgliedstaaten und die EU selbst – Projekte und Initiativen finanziell, logistisch und medial unterstützen, die Brücken bauen wollen zwischen den Bürger:innen der beiden Staaten Kosovo und Serbien, zwischen Kosovo-Albaner:innen und (Kosovo-)Serb:innen.

Es ist nicht nötig, alles neu zu erfinden, denn es gibt schon einiges. Vier Beispiele seien hier genannt:

Mirëdita, Dobar Dan bringt seit 2014 jedes Jahr im Rahmen eines abwechselnd in Prishtina und Belgrad stattfindenden Festivals Künstler:innen wie Menschenrechts- und Friedensaktivist:innen und Opinion Leader aus dem Kosovo und Serbien zusammen. Damit bereichert das Festival schon jetzt regionale Perspektiven, fördert Zusammenarbeit und friedliches Zusammenleben. Gemeinsam mit den *Civic Initiatives Austria* fand dieses inklusive Kulturfestival im November 2023 zum ersten Mal in Wien statt. Unter dem adaptierten Namen *Mirëdita, Dober Den, Servus* sahen die in Wien lebenden kosovarischen wie serbischen und weiteren Balkan-Diaspora-Communities die Premiere des Films *First time Kosovo/Serbia* und diskutierten und feierten bis in die Nacht. Und 2024 plant *Mirëdita, Dobar Dan* einen Promotion-Event in Brüssel, während das Festival wieder in Belgrad stattfinden wird. In einem *Civic Initiatives* Videogespräch der Serie »Things we need to talk about« sprach ein kosovarischer Aktivist das an, was momentan viele fürchten: *Wenn die Sicherheit bedroht ist, dann will niemand mehr über Demokratie, Menschenrechte, friedliches Zusammenleben reden.* Gerade deshalb gehören Initiativen wie *Mirëdita, Dobar Dan* oder *Civic Initiatives Austria* verstärkt unterstützt.

Follow Us wiederum war eine großartige Initiative der OSZE-Botschaften im Kosovo und in Serbien: Von 2012 bis etwa 2016 trafen sich Parlamentarierinnen und andere prominente Frauen aus den beiden Staaten regelmäßig zum Austausch. Über ähnliche Diskriminierungserlebnisse als Frauen ermöglichte dies zumindest teilweise ein Überwinden der ethnisch, nationalistisch und historisch geprägten Narrative. Leider wurde diese Initiative, so berichtet jemand, der sie genau mitverfolgte, »wohl ein Opfer der politischen Entwicklungen in den letzten Jahren«.

Aber seit 2014 findet ein jährliches Seminar der *Dialogue Academy for Young Women* statt, 2022 war Wien Treffpunkt. Dieses ist, so Michael Davenport, OSZE-Missionsleiter in Prishtina, mittlerweile zu einem 200 Frauen starken Netzwerk geworden. Und trotz Befürchtungen, der Banjska-Angriff würde Absagen bringen, fanden sich Mitte Oktober 2023 doch 23 Frauen aus dem Kosovo und aus Serbien im nordmazedonischen Struga wieder und führten die mittlerweile zur guten Tradition gewordenen Gespräche und Diskussionen weiter.

Der 2014 als Plattform zwischen den sechs Westbalkanstaaten und einigen an der Region interessierten Regierungen begonnene Berlin-Prozess wurde schon im zweiten Jahr seiner Existenz nach Wien geholt – und Österreich wird dies hoffentlich 2025 wieder gelingen. Als OSZE-Sitzstaat könnte und sollte Wien eine wichtige Rolle bei der finanziellen, logistischen und medialen Unterstützung dieser und ähnlicher Initiativen leisten. Schließlich ist ja die EU-Integration der sechs Westbalkanstaaten eines der im Regierungsprogramm festgehaltenen gemeinsamen Ziele der ÖVP-Grünen-Koalition. Erste Gespräche haben sowohl mit den zuständigen OSZE-Missionen im Kosovo und in Serbien wie mit der österreichischen OSZE-Mission in Wien stattgefunden.

Im Kosovo selbst gibt es eine bedeutende Organisation, in der alle ethnischen Gruppen des Landes vereint sind und gemeinsam arbeiten: Das *Kosovo Women's Network* (KWN) hat unter anderem und gemeinsam mit der ersten weiblichen Präsidentin der gesamten Region, Atifete Jahjaga (2011-2016), zur rechtlichen Anerkennung und Entschädigung von Überlebenden von Kriegsvergewaltigungen beigetragen. Die in Buchform erschienene Dokumentation über die Umsetzung der UNO-Sicherheitsratsresolution 1325 im Kosovo ist unter dem Titel »1325 – Facts & Fables« 2022 schon in zweiter Auflage mit der Unterstützung der Austrian Development Agency erschienen. Das KWN hat immer wieder mit Fraueninitiativen in Serbien zusammengearbeitet und seine Vorsitzende Igo Rogova erklärte der Autorin dieses Artikels: »Gerade in diesen schwierigen politischen Zeiten kann der Dialog zwischen Aktivistinnen die Regierungen darin unterstützen, Fortschritte zu erzielen.«

Und dann wäre auch noch das *Europäische Forum Alpbach* zu erwähnen. Schon vor mehr als 20 Jahren wurde unter dem 2022 verstorbenen Erhard Busek begonnen, an junge Leute aus den Staaten des ehemaligen Jugoslawiens und Albaniens Stipendien zu vergeben. Sie konnten in dem kleinen Tiroler Alpendorf erfahren, wie gemeinsames Handeln, das Überwinden ideologischer und nationalistischer Scheuklappen, sowie zumindest ansatzweise mancher Kriegstraumata möglich werden kann, wenn das Setting und der Wille da sind.

Die Autorin dieses Beitrages hat selbst mehrere Male beim *Forum Alpbach* mit der kosovarischen und der serbischen Alpbachgruppe sehr gute, aufklärende, Verständnis schaffende Gespräche führen können. Derartige oder andere Formate könnten beim Forum Alpbach im August 2024 wieder Platz finden.

Also dann: an die Arbeit! Das Überwinden festgefahrener Narrative »von unten« ist möglich – und notwendig, damit auch »die oben« genügend Druck verspüren für die dringend notwendigen Veränderungen. Österreich und auch die EU könnten und sollten einen aktiveren Beitrag hierzu leisten. Nur mit diesem so nötigen lebendigen Dialog zwischen den Zivilgesellschaften können die engstirnigen Denkmuster in vielen Köpfen und Herzen aufgebrochen und damit der Weg für positive Lösungen, bis hin zu den Regierungsspitzen, bereitet werden.

Ulrike Lunacek, langjährige Abgeordnete zum Nationalrat (1999-2009) und zum Europaparlament (2009-2017) der Grünen, war in ihrer Zeit im EP Berichterstatterin für die Republik Kosovo, und von 2014-2017 EP-Vizepräsidentin. 2020 war sie in den ersten Monaten der ÖVP-Grünen-Regierung Staatssekretärin für Kunst und Kultur. Sie lebt heute als Autorin, Moderatorin und Referentin in Wien. Vor ihrem Eintritt in die österreichische Partei- und Parlamentspolitik 1995 war die gelernte Dolmetscherin (EN/SP/DE) – und ist dies auch heute – Aktivistin bzw. Mitarbeiterin von feministischen, entwicklungspolitischen und LGBTI-NGOs.

SLIM-FIT EUROPE FÜR EINEN STARKEN UND WETTBEWERBSFÄHIGEN STANDORT EUROPA

Harald Mahrer

Der Lebens-, Wirtschafts- und Arbeitsstandort Europa steht an der Schwelle zur größten Transformation seit Jahrzehnten. Zu den zentralen Change-Faktoren zählen geopolitische Herausforderungen wie eine Globalisierung im Umbruch, eine neue multipolare Weltordnung, der Klimawandel mit den verbundenen Auswirkungen auf unsere Energiesysteme, ein immer schnellerer Ressourcenwettbewerb sowie eine extrem dynamische Entwicklung im Bereich Digitalisierung und künstliche Intelligenz. Angesichts dieser globalen – mitunter disruptiven – Veränderungen steht das europäische Wirtschafts- und Gesellschaftsmodell auf dem Spiel. Wie können Wachstum und Wohlstand, soziale Sicherheit und Nachhaltigkeit zukünftig gestaltet werden und welchen Beitrag kann Österreich in einer Europäischen Union leisten, die ihre internationale Wettbewerbsfähigkeit erhalten muss?

Ein »Weiter so wie bisher« ist der falsche Weg. Damit Europa den Akteuren auf der Weltbühne auf Augenhöhe begegnen kann und bei der Bewältigung der globalen Herausforderungen aktiver Player und nicht reaktiver Beobachter ist, brauchen wir ein Slim-fit Europe. Das bedeutet, dass wir uns als EU einerseits schlanker, agiler und effizienter (»*slim«)* aufstellen müssen und andererseits einen innovativen, effektiven und pro-aktiven Ansatz (»*fit*«) benötigen, der die Stärkung Europas im internationalen Wettbewerbsumfeld zum Ziel hat.

Seit dem Antritt der aktuellen EU-Kommission im Jahr 2019 war die Wirtschaft mit einer Vielzahl an richtungsweisenden neuen

Gesetzesvorschlägen und Initiativen konfrontiert. Nicht wenige erwiesen sich für die Betriebe als Fesseln. Der französische Industrieverband MEDEF hat berechnet, dass auf EU-Ebene von 2017 bis 2022 nicht weniger als 850 zusätzliche Verpflichtungen für Unternehmen beschlossen wurden. Durch diesen Zuwachs an bürokratischen Vorschriften verliert der Investitionsstandort EU im Vergleich zu anderen Weltregionen an Attraktivität. Wir brauchen das Gegenteil, denn der digitale und nachhaltige Wandel ist nur zu schaffen, wenn er von wettbewerbsfähigen und dynamischen Unternehmen getragen und vorangetrieben wird, die attraktive Arbeitsplätze bieten und globale Standards setzen.

Die EU-Kommissionspräsidentin hat angekündigt, administrative Belastungen für Unternehmen um 25 Prozent zu reduzieren. Das ist eine Botschaft, die grundsätzlich positiv stimmt. Allerdings: Den Worten müssen auch Taten folgen.

Spätestens mit Beginn der neuen Kommissionsperiode ab Herbst 2024 muss es eine fundamentale Neuorientierung geben. Wir werden eine Art Regulierungsstopp brauchen und der künftige Ansatz muss sein: Prävention statt Reparatur. Das bedeutet, dass primär darauf zu achten ist, dass zusätzliche Bürokratie und Regulierungen gar nicht erst entstehen. Dann sind in späterer Folge auch nicht Initiativen notwendig, um diese in vielen mühseligen Schritten zu reduzieren oder wieder abzuschaffen.

Um die Wettbewerbsfähigkeit der EU langfristig zu stärken, ist eine innovationsfreundlichere Grundhaltung unabdingbar. Dazu gehört, dass bei neuen Maßnahmen die kumulierten Auswirkungen und Belastungen für die Wirtschaft vorab geprüft werden. Das betrifft die Energiewende, die Nachhaltigkeit und alle im Green Deal enthaltenen Maßnahmen, aber auch den Bereich der Künstlichen Intelligenz mit seinen enormen Chancen- und Nutzenpotenzialen.

Zugegeben, die Kritik an überbordender Bürokratie durch EU-Regelungen ist nicht neu. Und ja, das Versprechen, »fit« und binnen

10 Jahren zum wettbewerbsfähigsten und dynamischsten wissensgestützten Wirtschaftsraum der Welt zu werden, hatte sich die Europäische Union bereits im Jahr 2000 mit der Lissabon-Strategie gegeben. Doch wo stehen wir als Europäische Union heute?

Noch 2008 – kurz vor der Lehman-Pleite – war die EU gemäß Weltbank (World Development Indicators) mit einer Wirtschaftsleistung von 16,3 Billionen USD im Vergleich zu den USA (14,8 Billionen USD) besser aufgestellt. Doch 2022 und etliche Krisen später liegen die USA mit einer Wirtschaftsleistung von 25,4 Billionen USD gegenüber der EU, die – zwecks besserer Vergleichbarkeit gemeinsam mit dem Vereinigten Königreich – auf 19,7 Billionen USD kommt, klar voran. Allerhöchste Zeit also, dass wir uns den unangenehmen Wahrheiten stellen und nicht den angenehmen Unwahrheiten.

Europa ist zum Beispiel fast zu 100 Prozent abhängig von Magnesiumlieferungen aus China. Auch bei seltenen Erden, die essenziell für die grüne Transformation sind, etwa für Windräder oder Elektromobilität, geht ohne China derzeit nichts. Der russische Angriffskrieg auf die Ukraine hat zudem die Gefahr verdeutlicht, dass bestimmte (autokratische) Regime Rohstoffe im Kontext geopolitischer Konflikte als Waffe einsetzen. Es muss uns gelingen, Europa aus seiner Rohstoffabhängigkeit herauszuführen und eine nachhaltigere und widerstandsfähige Zukunft zu fördern.

Ähnlich das Bild im Bereich Bildung und Wissenschaft: In der Europäischen Union haben wir heute nur eine einzige Universität unter den Top 30 Universitäten weltweit! Die britischen, amerikanischen und zunehmend auch die asiatischen Universitäten, die auch bei den Forschungszentren top sind, laufen uns längst den Rang ab. Investitionen in Bildung – beginnend bei der frühkindlichen Bildung, über die Schulen bis zum tertiären Sektor – und Forschung sind also spielentscheidend. Ganz davon abgesehen, dass Bildung, lebenslanges Lernen und

Forschung auch die Grundlagen sind für ein solides Fundament liberaler Demokratien und Rechtsstaaten westlicher Prägung, die wettbewerbsfähig, innovativ und nachhaltig sind.

Wettbewerbsfähigkeit ist nicht nur im ökonomischen Sinn essenziell, sie ist die Basis, um unseren Sozialstaat und unsere Sozialleistungen zu finanzieren. Auch die notwendige Transformation unserer Energiesysteme sowie Investitionen in Forschung und Innovationen müssen finanziert werden.

Eine weitere unangenehme Wahrheit verbirgt sich hinter der demographischen Entwicklung – nicht nur in Österreich, sondern in ganz Europa. Um die Klimaziele zu erreichen, unsere Systeme zu transformieren, die europäische Wirtschaft wettbewerbsfähig zu gestalten und unser Gesellschafts- und Sozialmodell aufrecht zu erhalten, werden wir künftig alle nicht weniger, sondern länger und mehr arbeiten müssen – und dies trotz technologischen Fortschritts, Automatisierung und künstlicher Intelligenz.

Es ist ein gesamteuropäischer Schulterschluss nötig, um zu verstehen, dass wir mit weniger Arbeit unsere Ziele nicht erreichen werden. Im gesamten asiatischen Raum stehen 3,5 Milliarden Menschen in den Startlöchern und brennen darauf, sich für eine dynamische und wohlfahrtsorientierte Entwicklung ihrer Gesellschaft und Wirtschaft einzusetzen.

Wenn Europa nicht aufwacht und mit Maßnahmen in Richtung *Slim-fit Europe* die Weichen für einen dynamischen, agilen und wettbewerbsstarken Standort stellt, dann wird Europa das werden, was Venedig in der Spät-Renaissance wurde und was wir heute wunderbar besuchen können: ein Museum.

Harald Mahrer ist seit Mai 2018 Präsident der Österreichischen Wirtschaftskammer. Bis Dezember 2017 war er Bundesminister für Wissenschaft, Forschung und Wirtschaft, davor war er seit 1. September 2014 Staatssekretär im Ressort. Von 2011 bis 2015 war er Präsident der Julius

Raab Stiftung und beschäftigte sich intensiv mit unternehmerischer Verantwortung und der Freiheit des Bürgers sowie mit der Etablierung einer neuen Gründerzeit in Österreich.

FREIHEIT, (K)EIN TRAUM – WAS ES FÜR EINE NACHHALTIGE NACHTZUG-RENAISSANCE IN EUROPA BRAUCHT

Andreas Matthä

Einen Nachtzug durch Europa zu schicken, das ist in vielerlei Hinsicht eine komplexe Angelegenheit. Aber eines ist daran ganz einfach: die Fantasie der Fahrgäste anzuregen. Im Sonnenuntergang am Wiener Hauptbahnhof in den Zug steigen, in den Süden gleiten, irgendwo in Italien wieder aufwachen, und zum Frühstück gibt's Espresso in einem Lokal in Rom (um nur eine von vielen Reiserouten des ÖBB Nightjet zu nennen). Ohne langwierige Transfers und Wartezeiten – und absolut klimaschonend. Das ist der Stoff, aus dem europäische Träume sind.

Hinter diesem Traum steckt – wie schon eingangs angedeutet – ein komplexes Set aus regulatorischen, technischen und wirtschaftlichen Rahmenbedingungen. So komplex, dass fast alle Bahnen in Europa in den letzten Jahrzehnten nach und nach aus dem Nachtzugbusiness ausgestiegen sind. Die ÖBB hat jedoch immer an den Nachtzug geglaubt, ja sogar Strecken von anderen Bahnen übernommen, sodass wir heute ohne weiteres von einer Renaissance dieser grenzüberschreitenden Idee sprechen können. Nun gilt es, dieses Angebot weiterzuentwickeln und zu verbessern, nicht zuletzt, weil die Nachfrage in den letzten Jahren deutlich gestiegen ist und der Markt dringend nach mehr Nachtzugangebot verlangt. Die Erfahrungswerte aus Österreich können hier als Orientierung für ganz Europa dienen.

Die notwendige Weiterentwicklung betrifft zuallererst das Wagenmaterial. Ein Nachtzug ist nicht bloß ein Zug, er ist ein rollendes

Hotel – mit allen dazugehörigen Anforderungen an Ausstattung, Sicherheit und Service. Und ebenso wie im Hotel haben unterschiedliche Zielgruppen unterschiedliche Vorstellungen von ihrer Reise. Während für die einen ein günstiges Hostel mit Mehrbettzimmern reicht, suchen die anderen Ruhe und Komfort im Einzelzimmer. In den vergangenen Jahren ließen sich diese Wünsche nicht immer erfüllen. Nun wird nach und nach eine neue Generation von Nachtzügen ausgerollt, die deutlich besser auf die Bedürfnisse der Fahrgäste abgestimmt ist. Eine vorausschauende Investitionsentscheidung, die bereits 2018 getroffen wurde und die Vorreiterrolle Österreichs im europäischen Nachtzuggeschäft weiter festigt.

Neben der Ausstattung ist für die Fahrgäste natürlich der Preis ein wichtiges Kriterium. Jahrelang haben Airlines Reisende mit vermeintlichen Billig-Angeboten umworben. Aber wann sind Sie schon wirklich um 29 Euro nach Brüssel, Paris oder Zürich geflogen? Oft summieren sich mit den Klicks bei der Buchung die Gebühren für dies und das, ganz zu schweigen davon, dass für die An- und Abreise zum Flughafen zusätzliche Öffi- oder Taxi-Kosten entstehen. Und hat im Zug schon mal jemand Ihr Gepäck abgewogen? Eben.

Ab 44,90 Euro kann man ein reguläres Ticket im Liegewagen von Wien nach Rom kaufen. Es ist ein Paradoxon: Die Preisgestaltung für den Nachtzug wird häufig als nicht kompetitiv zu Billigfliegern wahrgenommen, und dennoch ist er – vorsichtig ausgedrückt – kein lukratives Produkt für Bahnunternehmen. Das liegt nur zum Teil an den anfallenden Kosten, die für einen rollenden Hotelbetrieb nun einmal höher sind als für die normale Tages-Zugfahrt. Fluglinien profitieren massiv von Steuerbegünstigungen für Kerosin, grenzüberschreitende Flugtickets sind in ganz Europa von der Mehrwertsteuer befreit. Grenzüberschreitende Bahntickets werden hingegen in mehreren europäischen Ländern, darunter in wichtigen Transitländern wie Belgien und Deutschland, besteuert. Von einem »level playing field« zwischen Flug und Bahn sind wir also sehr, sehr weit entfernt. Hinzu kommen systemimmanente Faktoren wie die Schienenmaut für Nachtzüge sowie die schwierige Bestellung von grenzüberschreitenden Verkehrsleistungen durch die öffentliche Hand, im Fachsprech Public Service Obligation genannt.

In Österreich ist es bereits gelungen, an der einen oder anderen Schraube zu drehen. Nun müssen sich Stakeholder und politisch Verantwortliche aus Österreich beim europäischen Gesetzgeber weiterhin für den Nachtzug stark machen und dafür um Mehrheiten werben. Das politische Commitment für dieses Verkehrsmittel soll sich nicht nur in politischen Willenserklärungen ausdrücken, sondern auch in legistischen Maßnahmen. Das bedeutet unter anderem: Schluss mit den bereits erwähnten Steuerbegünstigungen für Flugreisen, Anschubfinanzierung für den Ausbau von Nachtzug-Verbindungen sowie bessere regulatorische und finanzielle Rahmenbedingungen durch die Einführung einer günstigen Schienenmaut oder öffentliche Verkehrsaufträge für Nachtzüge.

Das ist schon deshalb unumgänglich, weil ohne eine Stärkung des Eisenbahnsektors die europäischen Klimaziele unerreichbar bleiben. Die internationale Nachtzug-NGO *Back-on-Track* hat errechnet, dass allein der Nachtzugverkehr das Potenzial hat, die CO_2-Emissionen in Europa um drei Prozent zu reduzieren. Voraussetzungen dafür sind etwa der Ausbau der transeuropäischen Bahninfrastruktur, um schnelle und zuverlässige Verbindungen zwischen mehr europäischen Metropolen zu ermöglichen, Investitionen in das Wagenmaterial sowie wirtschaftliche und (steuer-)politische Rahmenbedingungen, die vernünftige Ticketpreise ermöglichen. Sieben von zehn Flugreisenden könnten unter diesen Bedingungen, gemäß *Back-on-Track*, zum Umstieg auf den Nachtzug motiviert werden.

Es sind freilich nicht nur Zahlen und Statistiken, um die es beim Nachtzug geht. Hinter dem Produkt steckt auch eine Haltung: Leistbare Mobilität bedeutet Freiheit – und zwar für viele. Ein gut ausgebautes europäisches Nachtzugnetz ermöglicht es Millionen von

Menschen, so zu reisen, so zu arbeiten, so zu leben, wie sie wollen. Mit ökologischem Gewissen können sie sich zeitsparend im Schlaf, sicher, unkompliziert und zuverlässig quer über unseren Kontinent bewegen. Und damit die europäische Integration täglich erleben und ein Stückchen weiterbringen.

Andreas Matthä ist seit 2016 Vorstandsvorsitzender der ÖBB und blickt auf mehr als 40 Jahre Berufserfahrung im Eisenbahnsektor zurück. Er bekleidete eine Reihe von Führungspositionen im ÖBB-Konzern in den Bereichen Eisenbahninfrastrukturprojekte, Personalwesen, Finanzen und Controlling sowie Asset Management. Seit 2020 ist Matthä auch Präsident des Europäischen Eisenbahnverbandes CER und setzt sich auf europäischer Ebene intensiv für bessere regulatorische, wirtschaftliche und technische Rahmenbedingungen für den Bahnverkehr ein.

ÖSTERREICHS NACHHALTIGE FAMILIENLAND- UND -FORSTWIRTSCHAFT – VORBILDHAFT FÜR EUROPA

Josef Moosbrugger

Spätestens die Corona-Krise mit geschlossenen Grenzen und der russische Angriffskrieg auf die Ukraine haben deutlich gemacht, wie wichtig es ist, eine vitale Land- und Forstwirtschaft zu haben, welche die Bevölkerung mit unverzichtbaren Lebensgrundlagen wie Qualitätslebensmitteln, nachwachsenden Rohstoffen und Energie versorgt. Die rund 150.000 land- und forstwirtschaftlichen Betriebe in Österreich sind in unserer herausfordernden Zeit somit als wesentlicher Sicherheitsfaktor zu verstehen, der sich Wertschätzung, aber auch Wertschöpfung verdient.

Darüber hinaus hat sich beim aktuellen Fach- und Arbeitskräftemangel gezeigt, dass Österreichs bäuerliche, vergleichsweise kleinstrukturierte Familienlandwirtschaft über eine damit verbundene Widerstandsfähigkeit verfügt, die in Krisensituationen wie den erlebten von großem Vorteil sein kann.

Die Land- und Forstwirtschaft der Alpenrepublik hat jedoch noch viel mehr Vorzüge, die vorbildhaft für Europa sein und – auf längere Sicht – zu dessen Stärke beitragen können. So hat sich Österreichs Agrarpolitik bereits sehr früh dazu entschlossen, nicht auf Masse, sondern auf Klasse zu setzen und einen nachhaltigen, qualitätsorientierten Weg einzuschlagen – insbesondere mit dem Österreichischen Agrarumweltprogramm (ÖPUL), an dem über 80 Prozent der bäuerlichen Betriebe in unserem Land teilnehmen. Fast 28 Prozent der Agrarnutzfläche werden biologisch bewirtschaftet und

210.000 Hektar, also rund 10 Prozent der Agrarnutzfläche, besonders biodiversitätsfreundlich. Das ist so viel, wie in keinem anderen EU-Mitgliedstaat. Österreich ist auch bereits wiederholt zum Nachhaltigkeits-, Bio- und Tierwohlweltmeister gekürt worden.

Auch die multifunktionale Waldwirtschaft in Österreich, aus welcher der Begriff »Nachhaltigkeit« stammt, ist als vorbildhaft für Europa und die Welt zu sehen. Die in Österreich praktizierte Forstwirtschaft setzt massiv auf Klimafitness. So werden die Bestände einerseits aktiv an die sich verändernden Bedingungen angepasst. Andererseits trägt der nachwachsende Rohstoff Holz, von dem in unserem Land mehr nachwächst als geerntet wird, entscheidend dazu bei, das Klimaproblem Nummer 1, die fossilen Energieträger, zu ersetzen. Ein Euro Wertschöpfung in der Forstwirtschaft sorgt außerdem für 25 Euro entlang der gesamten Wertschöpfungskette. Anders formuliert: Jeder 17. Euro wird direkt oder indirekt durch die Forst- und Holzwirtschaft generiert beziehungsweise jeder 15. Arbeitsplatz.

Mit dem Sonderinvestitionsprogramm »Energieautarker Bauernhof« und unzähligen weiteren Bildungs- und Beratungsangeboten sowie Maßnahmen werden die heimischen Betriebe zum Energiesparen, zur Energieeffizienz und zur Produktion beziehungsweise zum Einsatz erneuerbarer Energien befähigt. Und auch andere moderne Möglichkeiten wie die Digitalisierung werden eingesetzt, um für nachhaltige Effizienz zu sorgen.

Als Beispiel ist etwa der Pflanzenschutzwarndienst der Landwirtschaftskammer zu nennen. Auf Knopfdruck erhalten die Bäuerinnen und Bauern dabei gezielt für ihre Region und Kultur beziehungsweise 64 verschiedene Schaderreger aktuelle Pflanzenschutz-Empfehlungen und können sich somit manchen Mitteleinsatz ersparen und so exakt zum richtigen Zeitpunkt aktiv werden. Das Motto im Pflanzenbau »So wenig, wie möglich, so viel, wie notwendig« wird dadurch zusätzlich unterstrichen. Nützlinge werden vielfach bereits mit Drohnen ausgebracht oder Flächen – je nach Bodenbeschaffenheit – ganz gezielt gedüngt. Um leistbare, praktikable Technologien kennenzulernen, abzutesten und zu den Betrieben zu bringen, arbeitet die Landwirtschaftskammer auch im Rahmen der »Innovation Farm« mit Forschung und Entwicklung zusammen.

All das soll zeigen, dass die österreichische Agrarpolitik darauf setzt, das auch in Krisen bewährte Modell einer flächendeckenden, nachhaltig wirtschaftenden bäuerlichen Familienlandwirtschaft zu erhalten, aber auch an die sich verändernden Rahmenbedingungen anzupassen und mit neuen Chancen und Perspektiven auszustatten. Wir halten in Österreich das Motto »Regional ist genial« hoch und sind überzeugt, dass starke, nachhaltige, regionale Versorgungsstrukturen mit zahlreichen Mehrleistungen unserem Land und Europa nützen können.

Gleichzeitig muss ganz klar betont werden, dass Europa Österreich auch für diese Vorreiterrolle anerkennen und in seinen Vorleistungen und Bestrebungen mehr unterstützen als behindern sollte. Österreich zeigt, dass das Rad nicht neu erfunden und ständig neue Strategien aus dem Boden gestampft werden müssen, da es bereits viel Zukunftsweisendes gibt, an dem sich die europäischen Institutionen orientieren könnten. Der Green Deal mit seinen vielfach unpraktikablen und einseitigen Vorgaben und Substrategien ist im Gegensatz dazu mehr schädlich als nützlich. Die darin wiederholt vorgesehenen erheblichen Außernutzung-Stellungen und massiven Reduktionen unverzichtbarer Betriebsmittel würden die nachhaltige europäische Land- und Forstwirtschaft und damit die EU-Eigenversorgung massiv schwächen und lediglich klimaschädliche Importe forcieren. Die Lehren aus den jüngsten Krisen sollten gezogen und die Versorgung möglichst abgesichert werden. Strategien, die wirklich nachhaltig sind, müssen Umwelt, Wirtschaft und Soziales, also den Menschen, gleichermaßen berücksichtigen und einbeziehen. Und das zeigt Österreich in seiner Land- und Forstwirtschaft vielfach vor.

Es wäre wichtig, die europäischen Standards in vielen Bereichen an den österreichischen zu orientieren, um Klima- und Zukunftstauglichkeit zu erreichen. Nachhaltige Produktion sollte vielmehr auch von wettbewerbsverzerrenden Importen mit deutlich geringeren Produktionsstandards geschützt statt dieser noch stärker ausgeliefert werden. Europa muss aufpassen, seine unverzichtbaren Lebensgrundlagen, wozu Land- und Forstwirtschaft zählen, nicht anderen Interessen zu opfern. Vielmehr gilt es, die europäische Eigenversorgung zu stärken und nachhaltige Produktivität zu forcieren. Dafür müssen auch faire Marktbedingungen und produktionsfreundliche Rahmenbedingungen geschaffen werden.

Österreichs bäuerliche Familienland- und -forstwirtschaft zeigt somit einen zukunftsweisenden Weg vor. Neben einer entsprechenden Wertschätzung durch Politik und Konsument:innen gleichermaßen braucht es darauf aufbauend auch Wertschöpfung, ein Einkommen zum Auskommen. Es gilt, die Abhängigkeit im Energiebereich zu vermindern und bei Lebensmitteln zu verhindern. Wir brauchen einen nachhaltigen Ausbau der europäischen Eigenversorgung statt einer verschärften Importabhängigkeit.

Josef Moosbrugger ist seit 1999 Präsident der Landwirtschaftskammer Vorarlberg und seit 2018 auch Präsident der Landwirtschaftskammer Österreich. Zusätzlich bekleidet er noch zahlreiche weitere Funktionen, etwa als Obmann des Vorarlberger Waldbesitzerverbandes und Vorsitzender der Ländle Qualitätsprodukte Marketing GmbH. Gemeinsam mit seiner Familie bewirtschaftet er einen Milchvieh-, Ackerbau- und Forstbetrieb in Dornbirn.

VOM ENDE DER ILLUSIONEN. PLÄDOYER FÜR DIE NEUTRALISIERUNG DER NEUTRALITÄT

Wolfgang Müller-Funk

Da dieser Text mehr ein Kommentar als ein vorsichtig kreisender Essay ist, beginnt er ganz direkt und unverblümt, gleichsam mit der Tür ins Haus fallend, mit einer entschiedenen These: *Ohne die faktische Aufgabe der Neutralität wird Österreich keine Rolle bei der Vertiefung der europäischen Integration spielen und damit sein Potenzial als Land in der Mitte des Kontinents nicht ausschöpfen können.* Aus Ängstlichkeit und Opportunismus haben die politisch Verantwortlichen den Kairos verpasst, wie Finnland und wohl bald auch Schweden dem westlichen Militärbündnis beizutreten, in dem die europäischen Länder eine zunehmend wichtige Rolle spielen werden müssen. Mittlerweile ist das gebetsmühlenhaft vorgetragene Mantra der österreichischen Neutralität von der Mitte der Gesellschaft mehr und mehr an die politischen Ränder, die sich nur allzu oft nicht zufällig als Putin-Versteher entpuppen, gerutscht.

Dem leistet ein historisch problematisches Missverständnis und die mythische Überhöhung von Neutralität kräftig Vorschub. Neutralität ist, anders als es viele Lobreden nahelegen, nicht ein frei gewählter politischer oder – Beispiel Österreich – militärischer Status. Neutralität beinhaltet auch keine automatische Sicherheitsgarantie, schon gar nicht im Falle Österreichs. Würde Putins Russland, der Nachfolgestaat der Staatsvertragssignatarmacht Sowjetunion, das kleine Österreich bedrohen, wären die westlichen Signatarmächte, womöglich anders als die Mitgliedstaaten der Europäischen Union, de jure nicht verpflichtet, Österreich Beistand zu leisten, zumal es sich bei dem Neutralitätsgesetz um eine einseitige Erklärung Österreichs handelt. Wie das Beispiel zweier Länder im Ersten bzw. Zweiten Weltkrieg, Belgien und die Niederlande, zeigt, kann die Neutralität im Kriegsfall durchaus verletzt werden. Dass Neutralität respektiert wird, hängt nicht in erster Linie von dem neutralen Staat ab, sondern von jenen Ländern, denen gegenüber dieser sich für neutral erklärt.

Hauptziel der langen und komplizierten Verhandlungen, die schließlich zur Erklärung der Neutralität Österreichs geführt haben, war seinerzeit, also zwischen 1945 und 1955, nicht eine west-östliche Äquidistanz des wiedererstandenen Österreich, sondern der Abzug der sowjetischen Truppen aus dem Land und die Angst, in die sowjetische Einflusssphäre zu geraten. Die Neutralität war seinerzeit ein realpolitisch kluger Kompromiss, der – wenn auch nicht ganz so stark wie in der Causa Finnland – mit Zugeständnissen und Kriegsentschädigungen an die Sowjetunion erkauft war. Er ermöglichte eine verhaltene und verstohlene Integration in das politische und ökonomische System des westlich orientierten Teils in Europa, hat aber vier Jahrzehnte lang die wirtschaftlich, politisch und kulturell vollständige Integration in das europäische Projekt behindert. Lange Zeit blieb Österreich infolge dieser Randständigkeit ein Land mit einem vergleichsweise eher bescheidenen Wohlstand – auch dies ein Preis für die viel gepriesene Neutralität.

Neutralität beinhaltet nur so lange Sicherheit, als die potenziellen Kriegsparteien sie anerkennen, weil sie für sie von Vorteil ist. 1956 haben die USA Ungarn nicht geholfen, als sowjetische Truppen in das Land einmarschierten, um die reformsozialistische Regierung Nagy zu stürzen. Die sowjetischen Truppen haben wiederum an der Grenze zu Österreich haltgemacht. Das war der erste Härtetest für die Neutralität. Vor allem im geteilten Europa war der Kalte Krieg ein kalter Frieden. Diese Machtkonstellation bildete bis 1989 die Voraussetzung dafür, dass die Neutralität hielt. Dabei darf man nicht vergessen, dass die Sowjetunion, maßgebliche territoriale Gewinnerin des Zweiten Weltkriegs, an der Erhaltung des Status quo und einer zuvor nie dagewesenen Hegemonie im östlichen Teil Europas interessiert war. Putin, für den Verträge und Abmachungen nur leeres Papier sind, repräsentiert hingegen ein revisionistisches Projekt, das die Restauration der alten Macht und Herrlichkeit wiederherzustellen trachtet. Er ist kein Partner für irgendeine Form von Neutralität in Europa. Dass sich die politischen und militärischen Konstellationen nach dem Angriffskrieg Russlands gegen die Ukraine einschneidend verändert haben, hat man in Helsinki und Stockholm, ja sogar in Bern, nicht aber in Wien begriffen.

Spätestens seit dem Beitritt zur Europäischen Union, die sich, wenn auch nicht als neutrale, so doch als eine moderierende, relativ sanfte Macht versteht, muss sich Österreich von all seinen Nachbarn die berechtigte Frage gefallen lassen, welchen beiden Mächten gegenüber das Land, das doch ein Vollmitglied dieser Union ist, militärisch neutral sein möchte – etwa gegenüber der Europäischen Union und Putins Russland? Hat die fortdauernde, von der EU kritisch beäugte, nicht nur energiepolitische Abhängigkeit auch mit der weit verbreiteten Ansicht zu tun, das neutrale Österreich solle sich aus dem Konflikt Russlands mit der Ukraine heraushalten? Solche Argumente gedeihen in Österreich in Milieus ganz rechts und zuweilen auch ganz links, in Diskursen, in denen die Europäische Union frontal bekämpft wird und als Machtfaktor, ähnlich wie Österreich, neutralisiert werden soll.

Die Neutralitätskarte zu spielen, zielt bei den Neutralisten an den Rändern darauf ab, die Europäische Union zu delegitimieren. Die durchschaubare Strategie der Regierung, aber auch der SPÖ, nominell an der Neutralität festzuhalten, sie aber immer weiter zurückzudrängen, ist auch ein opportunistisches Zugeständnis insbesondere angesichts eines extremen rechten Lagers, das immer wieder die Grenzen des demokratischen Konsenses durchaus mit Absicht überschreitet. Die Populisten jedweder Couleur haben mittlerweile den Neutralitätsmythos gekapert.

Das Neutralitätsnarrativ von heute ist ein Ensemble unfrommer Lügen. Unterschlagen wird dabei, dass unsere Sicherheit von unseren Partnern in Europa und im Westen abhängt und nicht von der Neutralität, die das revisionistische Putin-Regime mit einem Federstrich für nichtig erklären kann. Es suggeriert zudem fälschlicherweise, dass die nun nationalistisch gewendete Neutralität uns mehr Gestaltungsraum eröffnen würde. In Wirklichkeit schränkt sie unseren Handlungsspielraum ein, sehr viel mehr als ein heute noch hypothetischer Beitritt zu einer Konföderation europäischer Staaten auch im Bereich der militärischen Verteidigung, sei es als eigene Verteidigungsunion, sei es als europäischer Arm der NATO. Überdies verschiebt diese missverstandene Neutralität sie auf grobe und absichtsvolle Weise in eine politische Richtung. Längst ist der Kampf gegen die Europäische Union auch einer, der sich gegen das Modell der repräsentativen liberalen Demokratie und ihr Fundament, die Menschenrechte, richtet.

Wie steht es nun mit der diplomatischen Rolle Österreichs in der Welt, die wir – auch das eine fromme Illusion – angeblich vor allem unserer militärischen Neutralität verdanken? Gewiss hat die UNO-Stadt Wien vor allem in der Kreisky-Ära und in den letzten Jahren des Kalten Krieges davon profitiert, dass sie für die Widersacher aus West und Ost ein Dialograum war, den beide Seiten akzeptieren konnten. Ob aber eine Stadt oder ein Land Standort von Moderation und Interessensabgleich wird, hängt weniger von diesem, sondern von den Interessen und Präferenzen der jeweiligen Konfliktparteien sowie von der konkreten politischen Situation ab. Kleine, auch nicht-neutrale Staaten haben da partiell einen Standortvorteil, aber je nachdem können sich Streitparteien auch in großen Ländern treffen, wenn diese sich als Schiedsrichter anbieten. Jedenfalls kann die österreichische Diplomatie auch ohne die zur leeren Hülse gewordene Neutralität aktive und engagierte Arbeit in der globalen Welt leisten.

Die Republik Österreich könnte daher mit entsprechender Zweidrittel-Mehrheit das Neutralitätsgesetz aufheben und ihre militärische Rolle und Positionierung in Europa neu definieren.

Wolfgang Müller-Funk war Professor für Kulturwissenschaften an den Universitäten Birmingham und Wien. Zahlreiche Forschungsprojekte, Scholarships und Gastprofessuren. Essayist und Kulturpublizist. Ehrenkreuz der Republik Österreich für Wissenschaft und Kunst (2013). Zuletzt erschienen: Die Kunst des Zweifelns (2021) und Crudelitas. 12 Kapitel einer Diskursgeschichte der Grausamkeit (2022). Höhere Wahrheiten. Der Mythos von der österreichischen Neutralität: in Wespennest, Heft 183 (2022).

ÖSTERREICHS BEITRAG ZU EINER SMARTEN EUROPÄISCHEN INDUSTRIEPOLITIK

Christoph Neumayer

Ein starkes Europa braucht eine starke Industrie. Das europäische Lebensmodell ist ohne starken industriellen Kern und dessen Leistungen für Wachstum, Wohlstand und soziale Sicherheit schlichtweg nicht zukunftsfähig. Gerade angesichts der massiven geopolitischen Veränderungen und des Wettbewerbs zwischen China und den USA ist eine leistungsfähige europäische Industrie ein Muss – und zwar in Europa. Viele Unternehmen verlagern bereits ihre Produktion ganz oder teilweise in andere Länder oder planen neue Investitionen außerhalb unseres Kontinents.

Der Handlungsbedarf wächst: Vor einem Jahrzehnt war die EU noch der größte Wirtschaftsraum der Welt. Heute fällt sie gegenüber den USA und China immer weiter zurück. Der Anteil Europas an der weltweiten Bruttowertschöpfung der Industrie ist von fast 25 Prozent im Jahr 2000 auf 16,3 Prozent im Jahr 2020 zurückgegangen. Die Gefahr einer Deindustrialisierung in Europa ist real.

Die Folgen für das europäische Lebensmodell wären massiv: Wenn der derzeitige ökonomische Trend anhält, »wird das Wohlstandsgefälle zwischen dem Durchschnittseuropäer und dem Durchschnittsamerikaner im Jahr 2035 genauso groß sein, wie zwischen dem Durchschnittseuropäer und dem Durchschnittsinder heute«, schreibt das European Centre for International Political Economy.

Was also tun? Europa braucht eine industriepolitische Offensive, die Maß an der Wirklichkeit und vor allem an der Zukunft nimmt. Diese muss jedenfalls drei Prioritäten umfassen.

Investitionsbedingungen gehören nachhaltig verbessert. Die Industrie muss in Europa investieren und Projekte umsetzen können. Signifikant höhere Energiekosten als zum Beispiel in den USA, teure Umweltschutzauflagen und steigende Bürokratielasten machen das Investitionsumfeld in der EU im Vergleich zu den globalen Wettbewerbern ungünstiger – und lassen außerdem die Kosten für die Einhaltung der Vorschriften für die Unternehmen in die Höhe schnellen. Das gilt gerade unter den Bedingungen der »grünen« Transformation. Die Beschleunigung von Industrie- und Rohstoffprojekten ist unverzichtbar. Denn egal, ob Straße, Schiene oder Strom: Flaschenhals für große Infrastrukturprojekte sind oftmals Genehmigungsverfahren, die Jahre oder sogar Jahrzehnte dauern. Schnellere und vereinfachte Verwaltungs- und Genehmigungsverfahren sind dringend erforderlich, damit Transformation und Investitionen gesichert sind. Hierzu wurden zuletzt Vorschläge auf EU-Ebene vorgelegt wie der »Net-Zero Industry Act«. Es gilt diese möglichst effektiv durchzusetzen und dann auch in diesem Sinne in Österreich umzusetzen. Nicht zuletzt, indem für Net-Zero-Schlüsselprojekte wie auch zur Wahrung der Energiesicherheit ein vorrangiges öffentliches Interesse angewandt wird.

Zusätzlich muss sich Österreich auf europäischer Ebene für eine nachhaltige Reduktion der überbordenden Berichtspflichten – so wie sie auch als Ziel von minus 25 Prozent durch die Kommissionspräsidentin genannt wurde – und regulatorischer Belastungen stark machen. Sie bedeuten enormen Verwaltungsaufwand und Compliance-Kosten für Unternehmen – und stehen damit ebenfalls einer höheren Investitionstätigkeit im Weg.

Die Handelspolitik gehört aktiv forciert und neue Freihandelsabkommen rasch abgeschlossen. Aggressive Förderprogramme in Drittländern und diskriminierende Bestimmungen, welche dort die einheimische Produktion begünstigen – wie der »US Inflation Reduction Act« oder die chinesischen Auflagen zum Transfer von geistigem Eigentum – erhöhen den Wettbewerbsdruck für die europäische Industrie. Die Antwort Europas darauf dürfen weder eigener Protektionismus noch widersprüchliche europapolitische Maßnahmen sein. So müssen Umwelt- und Handelspolitik abgestimmt und auf Wachstum in Europa ausgerichtet werden. Staaten, mit denen die EU ihre wirtschaftlichen Beziehungen intensivieren will – auch, um sie als alternative Rohstoffimporteure für den grünen Wandel zu gewinnen, wie beispielsweise die Mercosur-Länder – dürfen nicht vor den Kopf gestoßen werden. Die Forcierung internationaler Handelsabkommen der EU, wie eben mit der Mercosur-Region, ist eine wesentliche Strategie für wirtschaftliche Vernetzung und Wohlstandsgewinne. Österreich würde mit seinen Stärken im Export und in Umwelttechnologien von einem solchen Abkommen deutlich profitieren und sollte sich auf europäischer Ebene für einen raschen Abschluss einsetzen, statt es zu blockieren. Strategische Partnerschaften, wie mit den USA, sind durch konkrete Abkommen weiterzuentwickeln. Auch im Hinblick auf Märkte wie Indien, China oder Afrika sollten europäisch abgestimmte Ansätze verfolgt werden. Ein globaler Subventionswettlauf, der noch dazu die Regeln der WTO massiv untergräbt, muss unbedingt vermieden werden. Eine starke europäische Industrie braucht eine kluge, konsistente und vor allem aktive Handelspolitik.

Europa muss seine strategische Autonomie stärken, dabei jedoch seinen notwendigerweise offenen Charakter bewahren. Für den Erfolg der Industrie in Europa ist auch die richtige Dosis an Autonomie erforderlich. Dass regelbasierte Internationalisierung und strategische Autonomie kein Widerspruch sind, zeigt sich am Beispiel der für die Industrie existenziellen Energieversorgung. Wir brauchen einen reibungslos funktionierenden europäischen Energiebinnenmarkt, dezentrale Energielösungen und diversifizierte Energieimporte klimaneutraler Energieträger, insbesondere auf Basis von Wasserstoff. Integraler Bestandteil einer industriepolitischen Offensive in und für

Europa sind generell mehr Eigenständigkeit und Diversifizierung auf Beschaffungs- und Absatzmärkten sowie die generelle und gezielte Stärkung der Technologiekompetenz – ein Bereich, in dem gerade auch Österreich viel zu bieten hat.

Wir leben in sicherheits- und wirtschaftspolitisch fordernden Zeiten. Für Europa bedeutet dies, dass es seine Stärken gezielt weiterentwickeln muss. Nur dann lässt sich das europäische Lebensmodell auch in neuen geopolitischen Szenarien sichern. Umso wichtiger ist es daher, auf den für Europa wichtigsten Spielfeldern Stärke zu zeigen und Stärken für morgen zu entwickeln. Eine selbstbewusste und konsistente europäische Industrieoffensive ist ein Pflichtprogramm für ein starkes, besseres Europa. Österreich muss auf europapolitischer Ebene alle Handlungsspielräume und Plattformen nutzen, um dieses Programm zu forcieren – vom Rat für Wettbewerbsfähigkeit bis zum Europäischen Parlament. Als Industrieland im Herzen Europas müssen wir uns als politischer Motor für eine europäische Industriepolitik verstehen, die in jeder Hinsicht Zukunft schafft.

Christoph Neumayer wurde 1966 in Wien geboren. Er studierte an der Universität Wien und schloss 1996 das Studium in Geschichte und Kommunikationswissenschaften mit Auszeichnung ab. Darüber hinaus absolvierte er mehrere postgraduale Managementausbildungen. Nach beruflichen Stationen, unter anderem beim ORF sowie als Bundesgeschäftsführer der Jungen Industrie, leitete er zehn Jahre lang den IV-Bereich Marketing & Kommunikation im Haus der Industrie. Seit April 2011 ist Christoph Neumayer Generalsekretär der Industriellenvereinigung (IV). Neben vielen anderen Tätigkeiten ist er Vorstand der Ludwig Boltzmann Gesellschaft.

FINANZPOLITIK – GENÜGT SPARSAMKEIT?

Ewald Nowotny

»Die Finanzen sind einer der besten Angriffspunkte der
Untersuchung des sozialen Getriebes, besonders, aber nicht
ausschließlich, des politischen.«
Josef Schumpeter

Das oben angeführte Diktum des großen österreichisch-amerikanischen Ökonomen Josef Schumpeter gilt zweifellos auch für die Entwicklung der Europäischen Union. Möglichkeiten und Grenzen der europäischen Integration schlagen sich letztlich in Fragen der gemeinschaftlichen und der nationalen Finanzwirtschaft nieder. Österreich hat in diesem Bereich stets zum Lager der »frugalen«, das heißt, der fiskalpolitisch restriktiven Mitgliedstaaten gehört. Dies entspricht vordergründig der Position als »Nettozahler« im EU-Budget. Nun zeigen freilich zahlreiche Studien, dass gerade die wirtschaftlich starken Mitgliedstaaten bei gesamtwirtschaftlicher Betrachtung die Hauptgewinner des gemeinsamen Binnenmarktes sind. Ein gewisser Ausgleichsmechanismus ist daher – so wie auch im Rahmen eines nationalen Finanzausgleiches – nötig und sinnvoll. Aber es gibt legitimerweise Fragen nach dem Umfang eines solchen Ausgleichsmechanismus und damit unterschiedliche fiskalische Interessenlagen. Zwei Diskussionsbereiche, die sich nun unmittelbar stellen, sind die Zukunft des EU-Stabilitätspaktes und die Zukunft des EU-Budgets.

Der Stabilitäts- und Wachstumspakt (SWP) gilt für sämtliche Mitgliedstaaten der EU, ist von seiner ökonomischen Funktion her aber von spezieller Bedeutung als Absicherung der Europäischen Währungsunion (EWU). Diese stellt ja die sensible Kombination einer einheitlichen Geldpolitik bei Weiterbestehen weitgehender finanzpolitischer Autonomie der Mitgliedstaaten dar. Der SWP soll dabei im Rahmen der Stabilitätsorientierung der EWU als Koordinierungsregel ein »free-rider-Verhalten« einzelner Staaten verhindern. Wichtiger sind in dieser Beziehung freilich die Regelungen hinsichtlich des Verbotes monetärer Staatsfinanzierung und des »bail-outs« von Staaten mit Finanzierungsproblemen. Damit sind de facto die einzelnen Mitgliedstaaten der Disziplin durch die Finanzmärkte (und damit den Rating-Agenturen) unterstellt. Letztlich würde ein »Verlust des Marktzuganges« Staatsinsolvenz mit all ihren dramatischen Folgen bedeuten.

In der Praxis hat sich gezeigt, dass die Wirkung des SWP eher begrenzt war, andererseits aber die Insolvenz eines einzelnen EU-Mitgliedstaates zu katastrophalen Folgeeffekten für die gesamte Union führen könnte. Im Gefolge der »Euro-Krise« von 2012, die unmittelbar Griechenland, indirekt aber alle südlichen Mitgliedstaaten und das gesamte europäische Bankensystem betraf, kam es einerseits zu massiven, mit harten Auflagen verbundenen Unterstützungen, andererseits zu einer deutlichen präventiven Verschärfung des SWP durch einen zusätzlichen europäischen »Fiskalpakt«, der auch für jedes Mitgliedsland einen Stabilitätspakt mit entsprechender Schuldenbremse erfordert.

Der SWP wurde aus guten Gründen in der Zeit der Corona-Krise bis Ende 2023 sistiert, jetzt geht es darum, langfristig effiziente Strukturen zu entwickeln. Es ist offensichtlich, dass Corona tiefe Spuren in den nationalen Budgets hinterlassen hat, inzwischen sind weitere Belastungen durch Energiekrise und Krieg hinzugekommen. Fast alle EU-Staaten weisen Staatsverschuldungsquoten deutlich über dem vom SWP vorgegebenen Wert von 60 Prozent aus. Um die Abhängigkeit von den internationalen Finanzmärkten und die

Last des Schuldendienstes zu begrenzen, ist es zweifellos sinnvoll, einen Abbau dieser hohen Schuldenquoten anzustreben. Deutschland (und damit auch Österreich) tritt ein für ein vertraglich fixiertes einheitliches Verfahren. Die EU-Kommission hat demgegenüber vorgeschlagen, mit den einzelnen Mitgliedstaaten jeweils »Schuldentragfähigkeitsanalysen« durchzuführen und auf dieser Basis Vereinbarungen für den Schuldenabbau zu erreichen. Dieses flexiblere Verfahren ist wohl realistischer und würde verhindern, dass es in Krisenzeiten zu gesamtwirtschaftlich negativen prozyklischen Effekten kommt. Die österreichische Position sollte daher mehr Flexibilität akzeptieren und gleichzeitig für eine Vereinfachung und damit größere Transparenz der entsprechenden Verfahren eintreten.

Bezüglich der Defizitentwicklung normiert der Fiskalpakt aus dem Jahr 2012 als mittelfristiges Haushaltsziel ein strukturell ausgeglichenes Budget. Gleichzeitig besteht aber auch eine Fülle fiskalischer Herausforderungen. In der europäischen Diskussion gibt es etwa Vorschläge, staatliche Ausgaben für Klimapolitik, Digitalisierung und Militär von einer EU-Defizitbegrenzung auszunehmen. In der Praxis hat sich freilich selbst in Deutschland gezeigt, dass eine rechtlich eindeutige Definition von »verschuldungsneutral« schwierig ist. Angesichts der großen strukturellen und ökonomischen Unterschiede in der bereits bestehenden erweiterten EU ist es wohl unmöglich, hier einheitliche und klare Ausnahmekategorien für die Budgets der einzelnen Mitgliedstaaten zu entwickeln.

Unter Aspekten der Praktikabilität ist es daher in Bezug auf Defizitbegrenzung sinnvoll, bei den restriktiven Grundsätzen des Fiskalpaktes zu verbleiben und das Schwergewicht der künftigen Herausforderungen über ein entsprechend größeres, seriös finanziertes, EU-Budget zu bewältigen. Zentrale Herausforderungen, speziell in den Bereichen Klima, Energie, Sicherheit sind ja überwiegend effizient nur durch einheitliche Aktionen auf EU-Ebene zu lösen. Für eine budgetäre Verlagerung auf die EU-Ebene spricht auch die ja nach wie vor gegebene spezielle Abhängigkeit einzelner EU-Staaten von den internationalen Kapitalmärkten und die Gefahr einer Immobilisierung der nationalen Budgets durch steigende Anteile des Schuldendienstes. Das heißt nüchtern für die Einzelstaaten: Höhere Anforderungen an die öffentlichen Haushalte können für Einzelprogramme durch Strukturänderungen, müssen für den Gesamthaushalt aber durch höhere öffentliche Einnahmen abgedeckt werden.

Über die Struktur der Einnahmen kann jedes Mitgliedsland autonom entscheiden. Wichtig ist dabei freilich, dass zumindest innerhalb des eng verflochtenen Binnenmarktes mit freiem Kapitalverkehr gleiche Ausgangsvoraussetzungen bestehen. Das heißt konkret: Priorität für das Schließen von »Steueroasen« (oder besser »Steuersümpfen«) innerhalb der EU. Die entsprechenden Bemühungen der EU-Kommission waren hier leider bis jetzt nicht ausreichend erfolgreich. Für eine solide Finanzierung des EU-Haushaltes ist es notwendig, die Rolle der Eigenmittel zu stärken. Zwar wurde im Rahmen des Paketes »Next Generation EU« als eine »einmalige Sondermaßnahme nach EU-Vertrag« die Möglichkeit einer Finanzierung durch Schuldaufnahme geschaffen. Aber auch hier sind für die Rückzahlung der Kredite neue Eigenmittel erforderlich. Diskutiert werden dafür ein Teil der Einnahmen aus Emissionszertifikaten, aus den CO_2-Grenzabgaben, eine »Binnenmarktabgabe« für Großkonzerne und eine Digitalsteuer. Falls es hier nicht zeitgerecht zu Lösungen kommt, müsste die Tilgung der »Eurobonds« aus dem laufenden Budget zu Lasten anderer Positionen erfolgen.

In der massiven »Zeitenwende«, in der sich die Welt, und damit auch die EU, befindet, ist es auch für den Bereich der Finanzpolitik schwierig, einfache, prinzipien- und regelgebundene Strategien zu entwickeln. Das grundsätzlich – auch unter ökologischen Aspekten – begrüßenswerte Prinzip der »Sparsamkeit« ist aber jedenfalls in pragmatischer Weise anzuwenden. Für den Bereich der Finanzpolitik heißt dies: Verhinderung eines volkswirtschaftlich problematischen

»Steuerwettbewerbs«, Flexibilität bezüglich Verschuldungsquoten, Weiterführen der Defizit-Kriterien des europäischen Fiskalpaktes, bei gleichzeitiger Bereitschaft zu einer an Schwerpunkten orientierten und solide finanzierten Ausweitung des gemeinsamen EU-Budgets, auch im Bereich der EU-Eigenmittel. Dies wäre ein verantwortungs-bewusster und zukunftsorientierter Ansatz für die österreichische Position bei den entsprechenden Diskussionen in der EU.

Ewald Nowotny ist Präsident der Österreichischen Gesellschaft für Europapolitik, Univ.-Prof. i. R. und war von 2008 bis 2019 Gouverneur der Oesterreichischen Nationalbank.

MEHR MUT ZU EINEM STARKEN EUROPA UND EINER VERTIEFTEN EUROPÄISCHEN DEMOKRATIE!

Sabine Radl

Bisweilen lohnt ein Blick auf die Weltkarte: Ziemlich klein nimmt sich die Europäische Union mit ihren 27 Mitgliedstaaten da aus. Noch vor wenigen Jahren konnte sich Europa damit trösten, wenn schon nicht politisch, so doch wirtschaftlich eine Weltmacht zu sein. Aber diese Zeiten sind vorbei. Zur Jahrtausendwende erwirtschafteten die Europäerinnen und Europäer mit nur 7 Prozent der Weltbevölkerung immerhin ein Viertel der globalen Wirtschaftsleistung und matchten sich mit den Amerikanern um die Spitze. Inzwischen liegen wir hinter den USA und China auf Rang 3 und die wirtschaftliche Dynamik spielt sich anderswo ab – mit China als Zugpferd in (Südost-)Asien oder in Südamerika zum Beispiel.

Derweil stecken wir in Europa im Krisenmodus fest: Die Flüchtlingsbewegungen 2015, Corona und zuletzt Russlands Angriffskrieg gegen die Ukraine haben die Schwächen schonungslos aufgedeckt: mangelnde Entscheidungsfähigkeit und Solidarität, eine große Abhängigkeit von nur außereuropäisch im großen Stil vorhandenen Ressourcen und funktionierenden Lieferketten, ein naiver Blick auf die Welt.

Europa kommt ohnehin erst in der Krise auf Touren, wird da gerne – und nicht zu Unrecht – ins Treffen geführt: Immerhin hat der Euro die Finanzkrise mit ihren weltweiten Erschütterungen überstanden und ist Griechenland weiter an Bord, der Brexit hat nicht nur keine Nachahmung gefunden, sondern EU-Ausstiegsgelüste auch in anderen Ländern – Stichwort Öxit – schnell abkühlen lassen, und dem russischen Aggressor hat die EU in überraschender Einmütigkeit die Zähne gezeigt.

Dennoch, es ist längst nicht alles gut: Das nach dem Fall des Eisernen Vorhangs ausgerufene »Ende der Geschichte« inklusive »Friede-Freude-Eierkuchen«-Gefühl wurde abgelöst durch die Rückkehr der Geoökonomie und einem Wettlauf zwischen den USA und China um die wirtschaftliche und politische Vormachtstellung in der Welt, eine neue Blockbildung zeichnet sich ab. Die Wirksamkeit der europäischen Leitidee »Wandel durch Handel« steht spätestens seit Russlands Invasion in Frage. Freiheit, Demokratie und Rechtsstaatlichkeit – die Grundpfeiler der EU als Rechts- und Wertegemeinschaft – müssen jetzt sogar im Inneren der Union verteidigt werden. Und als es in der Pandemie oder angesichts steigender Flüchtlingszahlen hart auf hart ging, wurden reflexartig sogar Fundamente wie die offenen Grenzen im europäischen Binnenmarkt ausgehebelt und – Schengen hin oder her – Grenzkontrollen wiedereingeführt. Auch von und gegenüber Österreich. Gar nicht zu reden davon, dass Anti-Europa-Populismus inzwischen unionsweit quer durch das politische Spektrum für Stimmenfang genützt wird und die Forderung »Nie wieder« plötzlich wieder bittere Realität ist.

Europa muss viel mehr agieren, anstatt zu reagieren, und Österreich sollte sich hier konstruktiv einbringen. Aufgrund unserer Geschichte, der geografischen Lage und unserer langjährigen Bande nach Mittel- und Osteuropa wird hierzulande gerne auf Österreichs Rolle als Brückenbauer verwiesen. Gut so! Diese sollte aber durch eine rot-weiß-rote Initiative auf EU-Ebene für ein starkes Europa und eine vertiefte europäische Demokratie mit neuem Leben erfüllt werden.

»Get real« – wir brauchen eine neue Realpolitik, die sich angesichts der geopolitischen Umbrüche viel stärker an den gemeinsamen europäischen Interessen orientiert und nicht an kurzfristigen nationalen Einzelinteressen – Motto: mitgestalten statt blockieren. Europapolitik ist Innenpolitik, nicht umgekehrt!

Die Zeit drängt, immerhin stehen 2024 mit den Wahlen zum Europäischen Parlament, der einzigen direkt von den Bürgerinnen und Bürgern legitimierten EU-Institution, und der Formation einer neuen Europäischen Kommission wichtige Richtungsentscheidungen für die Zukunft der EU bevor.

Was konkret zu tun ist? Durch eine Vielzahl von Maßnahmen klare Kante zeigen für Europa – in Österreich wie auf EU-Ebene. Eine pro-europäische Grundhaltung ist gut, aber nicht genug. Um eine Initiative für ein starkes Europa glaubwürdig vorantreiben zu können, muss die österreichische Europapolitik noch viel stärker einen gesamteuropäischen Blickwinkel im Fokus haben.

Es geht um mehr Mut zu einem handlungsfähigen Europa. Das ist die Basis, um das Vertrauen und den Rückhalt der Bürgerinnen und Bürger für echte gemeinsame europäische Lösungen zu gewinnen. Dazu gehört, die Entscheidungsfähigkeit der EU zu stärken – zum Beispiel durch die weitgehende Abkehr von nationalen Vetomöglichkeiten im Rat der EU.

In Österreich selbst muss endlich die Entwicklung einer europäischen politischen Identität ernsthaft unterstützt werden: Ohne ein »europäisches« Bewusstsein sowie nachhaltiges Wissen über die Notwendigkeit der EU, ihre Aufgaben und politischen Strukturen, werden populistische Kräfte immer wieder versuchen, die europäische Einigung rückgängig zu machen und damit die Chance torpedieren, gesamteuropäische Probleme tatsächlich gemeinsam zu bewältigen.

Europa näher an die Bürgerinnen und Bürger zu bringen heißt auch, die Kommunikation über die EU-Politik zu verbessern – zum Beispiel durch mehr Information und Kommunikation über alle Angelegenheiten der europäischen Integration. So kann von der Bevölkerung viel besser verstanden und akzeptiert werden, dass eine geteilte Souveränität der Mitgliedstaaten der EU in bestimmten Politikfeldern notwendig ist. Wichtig wäre ferner, das Verhalten der österreichischen Vertreterinnen und Vertreter in den Organen der EU – insbesondere in den Ministerräten – durch mehr Transparenz und Kommunikation besser nachvollziehbar und verständlich zu machen.

Auch bessere Kenntnisse über die EU sind eine Grundvoraussetzung für die Entwicklung einer europäischen Mit-Identität der Bürgerinnen und Bürger. Daher muss die EU-bezogene politische Bildung auf allen Ebenen verbessert werden: durch den Auf- und Ausbau der Europabildung in der Schule, etwa durch Verstärkung der »EU-Kunde« in den Lehrplänen, sowie in der Lehrer:innenausbildung und Erwachsenenbildung.

Junge Menschen nehmen in der heutigen EU eine Schlüsselposition ein: Sie sind die erste Generation, die in der EU aufgewachsen und von den Entscheidungen heute am längsten betroffen ist. Daher muss Europa vor allem für diese Generation erlebbar werden und die Einbeziehung von jungen Menschen auf allen Ebenen besonders gefördert werden. Warum neben der früher obligatorischen Wien-Reise nicht künftig auch eine nach Brüssel oder Straßburg – wo man dann nicht nur mit den Schulkolleg:innen der eigenen Klasse die EU-Institutionen abklappert, sondern auch auf Schüler:innen aus anderen EU-Mitgliedstaaten trifft? Ja, das gibt es da und dort und wird auch von den europäischen Institutionen unterstützt. Derzeit ist das aber ein Minderheitenprogramm.

Und last but not least: Europäische Demokratie findet nicht nur einmal alle fünf Jahre bei den Europawahlen statt, sie wird täglich in demokratischen Vereinen und Verbänden gelebt. Auch Vertreter:innen von repräsentativen zivilgesellschaftlichen Kräften sowie Expert:innen sollten daher stärker in die Gestaltung der österreichischen Europapolitik eingebunden werden. Diese »Demokratie im Kleinen« ist kein Widerspruch zu rascher und effizienter

Entscheidungsfindung. Vielmehr sichert sie eine breite gesellschaftliche Akzeptanz von europäischen Entscheidungen und fördert den Zusammenhalt unserer Gesellschaft im gemeinsamen Europa.

Vereint sind wir in der Europäischen Union stärker als die Summe der Mitgliedstaaten – und haben die Chance, die geopolitische Neuordnung der Welt mit einer europäischen Handschrift zu versehen.

Sabine Radl ist seit 2017 ehrenamtliche Generalsekretärin der überparteilichen Europäischen Bewegung Österreich (EBÖ). Die Organisation wurde 1958 als Plattform der pro-europäischen Kräfte in Zivilgesellchaft, Politik und Wirtschaft in Österreich gegründet und ist auf europäischer Ebene Teil von European Movement International. Seit 2002 ist sie hauptberuflich im Bereich Kommunikation in der Wirtschaftskammer Österreich beschäftigt und war davor von 1995 bis 2002 als Journalistin tätig, darunter mehrere Jahre als EU-Korrespondentin in Brüssel.

DIE UKRAINE UND IHR LANGER WEG ZUR EU-MITGLIEDSCHAFT

Martin Sajdik

Gemeinsam mit Ungarn präsentierte Österreich 2003 ein EU-internes Papier über das künftige Verhältnis der EU zur Ukraine. Es war der erste derartige Denkanstoß zu diesem Thema seitens eines Mitgliedes der damals noch Union der 15. Ungarn befand sich nach Abschluss der Beitrittsverhandlungen Ende 2002 in der Übergangsphase zur Mitgliedschaft, die mit 1. Mai 2004 begann.

Das »K&K-Papier« vermied eine Aussage zu einer Beitrittsperspektive der Ukraine zur EU, so wie sie in allen Assoziationsabkommen aus den 90-iger Jahren mit den mittel- und osteuropäischen Staaten und nunmehrigen EU-Mitgliedern enthalten war. Die Möglichkeit einer künftigen EU-Mitgliedschaft der Ukraine wollten Budapest und Wien jedoch nicht ausschließen, weshalb man von einem möglichst weiten Heranführen an die EU sprach, was die Ukraine befähige, beizeiten eigeninitiativ einen Beitrittsantrag zu stellen.

Auch das EU-Ukraine-Assoziationsabkommen von 2014 enthält keine ausdrückliche Beitrittsperspektive. Dieses Faktum ging im Herbst 2013 rund um die innerukrainischen Auseinandersetzungen zu dessen Unterzeichnung unter, die in die monatelangen, blutigen Demonstrationen auf Kiews Maidan-Platz, die umstrittene Absetzung des Präsidenten Viktor Janukowitsch durch die Rada, dessen fragwürdiges Sich-Absetzen nach Russland und schließlich in die Annexion der Krim sowie die Kampfhandlungen in der Ostukraine mündeten.

Unausgesprochen blieb das Warum für das Fehlen der Beitrittsper-spektive. EU-intern hegte man Zweifel an Fähigkeit und Willen der herrschenden Strukturen der Ukraine, sich angesichts offen-sichtlicher Unzulänglichkeiten in der Rechtsstaatlichkeit des post-sowjetischen Erbes in Staat und Gesellschaft zu entledigen. Die aus Zaren- und Sowjetzeit automatisierte Ausrichtung auf Moskau wurde im täglichen politischen und wirtschaftlichen Leben als gegeben hingenommen. Symbolhaft dafür war die Erdgas-Pipeline, die Nabelschnur, über die mittels Preisgestaltung und Unklarheiten über echte Lieferkapazitäten Moskau unter aktiver Mithilfe ukra-inischer Politiker und Oligarchen die Tagespolitik in der Ukraine (mit)beherrschte.

Auch die EU verweilte in alten Denkmustern. Man stellte de facto außer Streit, dass die post-sowjetischen Republiken, die Ende 1991 gemeinsam mit Russland in Alma-Ata die UdSSR und Gor-batschow Geschichte werden ließen, in Moskaus Einflusssphäre verblieben. Dieses Denken bestimmte 2003 die Sicht Ungarns und Österreichs, ebenso wie 2013 jene der gesamten EU: keine EU-Mit-gliedschaftsperspektive für die Ukraine.

Russland war dies nicht genug. Es wollte die Ukraine näher an sich binden, als Mitglied der »Eurasischen Wirtschaftsunion«, deren Konturen 2011/12 entstanden und die nach der Gründung im Mai 2014 in Astana Anfang 2015 in Kraft trat – ohne Kiew. Moskau mag die der Ukraine nicht gewährte EU-Beitrittsperspektive auch dahin interpretiert haben, die EU wolle die Ukraine ohnehin nicht, daher »gehört sie uns«. Schließlich war es Putin auch beim NATO-Gipfel in Bukarest Anfang April 2008 persönlich gelungen, eine NATO-Mitgliedschaft der Ukraine und Georgiens zu verhindern.

Moskau, Präsident Janukowitsch, aber auch die EU hatten die Rechnung ohne die pro-europäischen Kräfte in der Bevölkerung der Ukraine gemacht. Diese wollten den europäischen Weg der Rechts-staatlichkeit gehen und nicht ein Zurück in Autoritäres à la Russe.

Ausgehend vom Kiewer Maidan erfasste 2013/14 die Demokratie-bewegung weite Landesteile. Moskau hatte dem nur Waffengewalt entgegen zu setzen, besetzte die Krim und half, den Aufstand im ostukrainischen Donbass zu entfachen.

Das Assoziationsabkommen wurde im Frühjahr 2014 von der neuen ukrainischen politischen Führung unterzeichnet. Sein Inkraft-treten verzögerte sich wegen des niederländischen Widerstands, der in das Konsultativreferendum vom April 2016 mündete (61% – Nein, 32,28% – Beteiligung – knapp über Gültigkeitsschwelle). Aufgrund des bloß konsultativen Charakters des Volksentscheids und der geringen Beteiligung konnte eine Blockade des Abkommens vermie-den werden. Den Haag erwirkte im Dezember 2016 einen gesichts-wahrenden Beschluss des Europäischen Rats, wonach das Abkommen der Ukraine keinen Kandidatenstatus gewähre und die EU nicht zur Leistung von Militärhilfe verpflichte.

Der russische Angriff auf die Ukraine trat fundamentale Ände-rungen im EU-Ukraine-Verhältnis los und ließ die 2016 formulierte Sichtweise vergessen. Nur vier Tage nach der Invasion, am 28. Februar 2022, stellte die Ukraine einen Beitrittsantrag, gefolgt von Moldau und Georgien. Am 23. Juni 2022 gewährte der Europäische Rat der Ukraine und Moldau auf Basis eines positiven Avis der EU-Kommis-sion den Kandidatenstatus. Ein jahrelanges Tabu »verschwand über Nacht«, Putin – Kiews Integrationsbeschleuniger.

Die deutsche Stiftung für Wissenschaft und Politik (SWP) veröffentlichte am 6. Juli 2022, unmittelbar nach Einräumung des Kandidatenstatus, eine Kurzanalyse zu den Auswirkungen einer künftigen Mitgliedschaft auf die Union. Zu den institutionellen Aspekten heißt es darin, dass bei Mehrheitsentscheidungen der Stimmanteil der Ukraine, ähnlich Polens, bei circa 9 Prozent läge. Gemeinsam hätten diese beiden etwa das Stimmgewicht Deutsch-lands. Laut SWP wäre die EU nach einem Beitritt der Ukraine Russlands Einschüchterungen und Bedrohungen noch direkter ausgesetzt und müsste daher ihre Beistandspflicht nach Artikel 42.7 erheblich schärfen, ein für das auf die Neutralität fixierte Österreich heikler Aspekt.

Die Auseinandersetzungen mit Polen und Ungarn über ukrainische Getreideexporte geben einen Vorgeschmack auf diffizile Verhandlungen zum Landwirtschaftskapitel. Bei Beibehaltung des EU-Direktzahlungssystems käme es laut SWP zu großen Gesamttransfers an die Ukraine. Gleichzeitig würde ihr Beitritt die EU als globaler Agrarakteur stärken, der Exportanteil bei Weizenausfuhren läge mit rund 30 Prozent vor Russland, aktuell Nummer 1 am Weltmarkt. Extrem problematisch würde nach SWP die Kontrolle der EU-Außengrenzen gegenüber Belarus und Russland, ebenso der Umgang mit allfälligen Waffenstillstandslinien.

Riesig werden auch die Herausforderungen zur Rechtsstaatlichkeit. Präsident Selenskyjs Bemühungen, im Militärsektor aufzuräumen, werfen einmal mehr ein Schlaglicht auf die omnipräsente Korruption, von der auch im Land engagierte österreichische Unternehmen vielstimmig ihre Lieder singen können. Dazu ruft die Tendenz zur Verharmlosung der Komplexität der Acquis-Übernahme durch Kiew ebenso Stirnrunzeln hervor wie die Neigung ukrainischer Akteure, der EU-Bürokratie ihre Sicht zu diktieren.

Dennoch – am 14. Dezember 2023 sagte der Europäische Rat auf Basis eines Avis der Kommission vom Oktober Ja zur Aufnahme von Beitrittsverhandlungen mit der Ukraine und trug damit deren jüngsten, bedeutenden Reformschritten Rechnung. Der angesehene schwedische Ökonom, Anders Åslund, schreibt im Atlantic Council am 2. Jänner 2024: »…die Ukraine zog während des Kriegs mehr Systemreformen durch als je zuvor.«

In Österreich überwiegen dazu offensichtlich Zweifel und bislang wohl auch Unkenntnis. 52 Prozent sprachen sich bei einer Umfrage im Dezember 2023 gegen eine EU-Mitgliedschaft der Ukraine aus. Ist's bloß die anfängliche Skepsis unserer Landsleute wie schon vor der EU-Erweiterung von 2004? Wie damals steht der Bundesregierung also allerlei Aufklärungsarbeit bevor.

Österreich sollte im Beitrittsprozess seinen Erfahrungsschatz zur facettenreichen ukrainischen Wirklichkeit konstruktiv und unaufgeregt einbringen, mit einer gewissen Zurückhaltung in Bezug auf eine allfällige Schnell- oder gar Überholspur gegenüber den Westbalkan-Bewerbern. Es darf das große Ganze nicht aus den Augen lassen, wie schon 2003, als man mit Ungarn eine Mitgliedschaft der Ukraine in der EU erstmals thematisierte.

Martin Sajdik, geboren 1949, besuchte das Theresianum und studierte Jus, Völkerrecht und internationale Beziehungen in Wien, Moskau (MGU) und Bologna (Johns Hopkins). Er ist seit 1975 im Außenministerium tätig, unter anderem mit Versetzungen nach Genf und Moskau, danach bei der KSZE und im Privatsektor. Weiters war Sajdik in der Wirtschafts- und Europasektion des Außenamts tätig (ab 1997, Leitung 2003–07) sowie als österreichischer Botschafter in China, der Mongolei, Nordkorea (2007–11) und bei der UN, New York (2012–15). Martin Sajdik war UN ECOSOC-Präsident (2014/15) und OSZE-Sondervertreter für die Ukraine (Verhandlungsleitung in Minsk, 2015-19) und ist derzeit im AIES-Vorstand und im ÖGfE-Beirat aktiv.

VON SINGAPUR LERNEN, WAS STRATEGISCHE AUTONOMIE IST

Susanne Weigelin-Schwiedrzik

Der Außenminister von Singapur Vivian Balakrishnan erläuterte unlängst in einer Rede vor dem Parlament, wie sein Land das Prinzip der strategischen Autonomie umsetzt. Er sagte: »Wir lehnen es ab, als Vasall zu fungieren, der von anderen herumgeschubst oder gekauft werden kann. Wir sind auch kein Stellvertreter oder ein Land, das den Vorwand für eine Auseinandersetzung unter den Supermächten liefert. Wir halten Prinzipien hoch, aber wir entscheiden uns nicht für eine Seite.«

Singapur ist wie Österreich offensichtlich ein kleines Land. Man könnte annehmen, dass es keine Möglichkeit hat, auf die internationale Politik Einfluss zu nehmen. Noch weniger würde man annehmen, dass sein Außenminister so klare Worte findet, wenn es darum geht, die Position seines Landes zu beschreiben. Aber Singapur ist ein heiß umworbenes Land. Unternehmen, die in Hongkong auf Schwierigkeiten stoßen, verlegen ihr Hauptquartier nach Singapur. Banken und Organisationen, die in Hongkong nicht mehr frei agieren können, tun dasselbe. Singapur ist stark, weil es attraktiv ist und seine Attraktivität zu nutzen weiß.

Doch Singapur ist auch Teil von ASEAN, einer regionalen Organisation, die vielleicht noch mehr als die EU mit ihrer Vielstimmigkeit zu kämpfen hat. Der frühere Außenminister von Singapur, George Yeo, hat einmal erklärt, dass die Vielstimmigkeit nicht eine Schwäche darstelle, sondern in einer Situation, in der die Region von beiden Supermächten – den USA und China – umworben wird, als Stärke betrachtet werden sollte. Eben weil die Länder alle mit China – ähnlich wie die Mitgliedstaaten der EU – enge Wirtschaftsbeziehungen pflegen und zugleich in der Sicherheitspolitik die Zusammenarbeit mit den USA für unabdingbar halten, sei es gut, wenn sie sich nicht alle mit einer Stimme für die eine oder andere Option entscheiden. Die Vielstimmigkeit in der Organisation verpflichtet deren Führung auf eine Politik des Ausbalancierens verschiedener Interessen und macht es der Organisation möglich, die Beziehungen zu den USA und China durch die engen Beziehungen unterschiedlicher Mitgliedstaaten so zu gestalten, dass beide Seiten bedient werden.

Die Kritik an der Vielstimmigkeit der EU in Sachen Außenpolitik basiert auf der Annahme, dass man es hier mit einem großen Problem zu tun habe, das möglichst schnell im Sinne einer Einstimmigkeit gelöst werden sollte. Abgesehen davon, dass es bis zum Beginn des russischen Kriegs gegen die Ukraine nie möglich war, diese Einstimmigkeit auf Dauer herzustellen, stellt sich mit Blick auf die erfolgreiche Außenpolitik Singapurs die Frage, ob wir mit der inzwischen hergestellten Einigkeit eigentlich besser fahren als früher. An der im Herbst 2023 entstandenen Kriegssituation im Nahen Osten erkennen wir noch deutlicher als zuvor, dass eine Politik der Balance nicht nur außenpolitisch geboten und möglich, sondern auch innenpolitisch notwendig ist. Die Entscheidung für eine Seite in den Konflikten unserer Zeit, die – wie wir tagtäglich beobachten – nicht weniger, sondern mehr werden, zeigt, dass eine solche Festlegung nicht nur weitreichende außenpolitische Konsequenzen mit sich bringt, sondern auch innergesellschaftliche Spannungen, die unsere politischen Systeme und den gesellschaftlichen Frieden extrem belasten. Wenn wir wiederum einen Blick auf Südostasien werfen, so erkennen wir, dass die Multiethnizität der Gesellschaften dort verlangt, dass sich die Regierungen auch zur Bewahrung der gesellschaftlichen Stabilität weigern, wie es der Außenminister ausdrückt,

Partei zu ergreifen und sich auf eine Seite festzulegen. Auch wenn die Migrationsgesellschaften in Südostasien sich im Detail von der Situation in Europa unterscheiden, lohnt es sich, den Zusammenhang von Innen- und Außenpolitik in den multi-ethnischen Gesellschaften Südostasiens einmal genauer anzuschauen.

In Südostasien nennt man diese Politik des Ausgleichs eine Politik der strategischen Autonomie. Diese beinhaltet, dass die Mitgliedstaaten von ASEAN ihre Beziehungen zu den USA nutzen, um ihre Autonomie gegenüber eventuellen Forderungen Chinas zu wahren, und andersherum: ihre guten Beziehungen zu China nutzen, um die USA davon abzuhalten, zu weitgehende Forderungen an sie zu stellen. Die Politik der Balance im Inneren entspricht demnach einer Politik der Balance innerhalb der ASEAN und gegenüber den Staaten, welche der singapurische Außenminister Supermächte nennt.

Österreich sollte als kleines Land in der EU und als Land mit einer aus der Geschichte nicht wegzudenkenden Erfahrung in Sachen Diplomatie in der Tradition von Metternich in Zukunft stärker für eine Politik des Ausbalancierens und des »Gleichgewichts der Großmächte« eintreten. Damit würde es die EU in die Lage versetzen, in die vielen Konflikte unserer Zeit als eigenständiger Akteur im Sinne der Kriegsvermeidung einzugreifen. Im Gegensatz zur Konstellation in der Ukraine, in der sich die EU nach Kriegsausbruch so positionierte, dass die Parteinahme für die Ukraine bedingte, dass weitere Gespräche mit dem russischen Angreifer als moralisch unvertretbar eingestuft wurden, können wir im Falle des Konflikts im Nahen Osten erkennen, dass betont wird, wie wichtig es ist, die Gesprächskanäle mit allen möglichen Akteuren in der Region offenzuhalten und für die De-Eskalation zu nutzen. In diesem Fall ist das nicht schwierig, weil auch die USA und China für eine De-Eskalation eintreten. Doch erkennt man an den Reaktionen der verschiedenen EU-Mitgliedstaaten, dass deren Verhältnis zu Israel und Palästina aus vielen, auch historischen Gründen eben unterschiedlich ist und man deshalb zu den verschiedenen Akteuren in der Region einschließlich der Konfliktparteien gewachsene Beziehungen einbringen kann, die eine Vielfalt von Möglichkeiten hervorbringt. Der Mangel an Einstimmigkeit wird hier nicht mehr als Makel angesehen: ein ungewöhnlicher Versuch, die Vielstimmigkeit zu nutzen, der vielleicht für zukünftige Entscheidungen wegweisend sein könnte.

Österreich könnte in diesem Zusammenhang eine wichtige Rolle spielen. Es ist das typische Brückenbauer-Land. Wenn wir nicht zuletzt im Krieg in der Ukraine immer mehr erkennen müssen, dass die Vorstellung, alle Kriege endeten wie der 2. Weltkrieg mit einer klaren Niederlage der Kriegstreiber – in diesem Fall Deutschland und Japan – nicht der historischen und aktuellen Situation entspricht, dann müssen wir Weichen stellen, Kanäle öffnen oder nutzen und Strategien entwickeln, wie wir in Zukunft auf anderem Wege zu einem Ende von leider noch zu erwartenden weiteren kriegerischen Auseinandersetzungen kommen. In einer solchen Situation bedarf es einer politischen Elite, die die hohe Kunst der Diplomatie beherrscht und die entsprechenden Initiativen ergreift, und wir brauchen Orte, an denen die vielen Gespräche, die in einem solchen Zusammenhang geführt werden müssen, stattfinden können. Wien ist ein solcher Ort, und die Neutralität Österreichs ist eine wichtige Voraussetzung dafür, dass Wien als Ort für Waffenstillstands- und Friedensgespräche genutzt werden kann: auch das ein guter Grund, eine EU der Vielstimmigkeit und der strategischen Autonomie zu fördern. Wie im Falle von Singapur ist es die Bedeutung des Ortes, die es ermöglicht, auch als kleines Land in das Weltgeschehen einzugreifen.

Susanne Weigelin-Schwiedrzik studierte Sinologie, Japanologie und Politische Wissenschaften in Bonn, Peking und Bochum, wo sie sich 1989 habilitierte. Von 1989 bis 2002 war sie als Ordinaria für Moderne Sinologie an der Universität Heidelberg tätig, von 2002 bis 2020 als Professorin für Sinologie an der Universität Wien. Seit 2011 ist Weigelin-

Schwiedrzik korrespondierendes Mitglied der Österreichischen Akademie der Wissenschaften. Sie ist Direktorin des China-Programms des Zentrums für Strategische Analyse in Wien. In ihrer Forschung, in deren Rahmen sie auch Gastprofessuren in der VR China, den USA, Japan und Hongkong innehatte, beschäftigt sie sich schwerpunktmäßig mit der Geschichte Chinas und Ostasiens im 19. und 20. Jahrhundert, mit Vergangenheitsbewältigung in der VR China sowie mit Politik und Außenpolitik der VR China. 2023 erschien ihre neueste Publikation »China und die Neuordnung der Welt« (Wien: Brandstätter).

ÖSTERREICH – EIN AMERIKA-VERSTEHER?

Martin Weiss

Der russische Angriff auf die Ukraine – wie auch die Krise im Nahen Osten – haben eines wieder einmal deutlich gemacht: ohne die USA geht es nicht. Denn ohne die Allianz mit den USA wäre der Westen in der Welt von heute, in der sich Macht- und Einflussverhältnisse gerade dramatisch verschieben, schwach. Oder, um es genau zu sagen: zu schwach, um seine Interessen zu wahren. Hätten die USA etwa die Ukraine nicht gleich zu Beginn des russischen Angriffskrieges massiv militärisch unterstützt, dann wäre die Ukraine wohl gefallen. Mit allen daraus für Europa folgenden Konsequenzen: einem aggressiven, imperialen Russland unmittelbar vor unserer Haustür. Einem Russland, das unter Wladimir Putin den Krieg als »*bloße Fortsetzung der Politik mit anderen Mitteln*« (© Carl von Clausewitz) versteht. Einem Russland, das nach einem Erfolg in der Ukraine kaum noch (und: von wem auch?) daran gehindert werden könnte, weitere Aggressionsschritte in Richtung Belarus, Georgien, der Republik Moldau etc. zu setzen. Allesamt gefährliche, unmittelbare und existenzielle Bedrohungen für Europa. Und trotz all dieser unmittelbaren Bedrohungen überlässt Europa den USA die Führungsrolle. Ja, es erwartet geradezu, dass die Vereinigten Staaten diese Führungsrolle übernehmen.

Im Umkehrschluss heißt das aber: wenn die USA heute wie gestern die für Europa unverzichtbare Schutzmacht sind, dann wäre ein mittelgroßer europäischer Staat wie Österreich gut beraten, ganz genau zu verstehen, wie die USA ticken, was die USA bewegt, wohin die politischen Trends in den USA gehen. Tut das Österreich aber?

Hat die Republik Österreich heute ein starkes Netzwerk von tragfähigen Kontakten in und nach Washington, um dort auch wirklich »am Ball zu sein«, um zu wissen, »*how the cookie crumbles*«? Gibt es regelmäßige Besuche von US-Entscheidungsträger:innen in Österreich? Die ehrliche Antwort ist Nein.

Einerseits hat das natürlich damit zu tun, dass Österreich – anders als praktisch all unsere Nachbarn – nicht Mitglied der NATO ist. Bei einer NATO-Mitgliedschaft geht es aber nicht nur um die berühmte Beistandsklausel des Artikels 5, wonach ein bewaffneter Angriff gegen einen NATO-Staat als Angriff gegen alle definiert wird, sondern um viel, viel mehr. Etwa darum, mit am Tisch zu sitzen, wenn Beschlüsse von ganz entscheidender Bedeutung über die Zukunft Europas gefasst werden. Wie etwa die Frage, wer in Zukunft der NATO angehören wird (wie zum Beispiel Finnland oder Schweden), oder die Frage, wie weit sich der Sicherheitsschirm der NATO in Zukunft erstrecken soll: soll und kann die NATO in Zukunft auch die Sicherheit und territoriale Unversehrtheit der Ukraine garantieren? In all diesen Fragen ist es *ein* Staat, der den Ton angibt. Denn ob beziehungsweise wann ein neues Mitglied in die NATO aufgenommen wird, entscheidet sich letzten Endes in Washington. Es ist ja schließlich auch in erster Linie die militärische Macht der USA, die der Beistandsgarantie der NATO ihre Zähne verleiht.

Das wird sich aber so schnell nicht ändern. Österreich wird – auf absehbare Zeit – nicht am Entscheidungstisch der NATO Platz nehmen. Heute würde es auch kaum ein österreichischer Spitzenpolitiker wagen, die von Bundeskanzler Wolfgang Schüssel im Jahr 2001 gesprochenen Worte »*Wir sollten alle Optionen – auch die Beitrittsoption (zur NATO, Anm.) – sorgfältig prüfen und nichts von vornherein ausschließen. Kluge Politik schließt nichts aus*«, in den Mund zu nehmen. Dieser Zug ist bis auf weiteres abgefahren.

Aber nichts kann Österreich heute daran hindern, seine Netzwerke in den USA zu vertiefen, seine transatlantischen Bande zu stärken und das Verhältnis zu den USA auf ein ganz neues Niveau zu heben.

Unmöglich? Sagen Sie das nicht. Wer hätte noch vor zehn Jahren gedacht, dass Österreich – man möchte fast sagen »gerade Österreich« – heute einer der treuesten Verbündeten Israels ist?

Denn auch wenn in der Diplomatie die Binsenwahrheit gilt »80% der Diplomatie sind Geographie«, sind bilaterale Verhältnisse sehr wohl gestaltbar. Das ist nicht einfach und das geht auch nicht über Nacht – aber es geht. Dafür braucht es allerdings politischen Willen und den Einsatz finanzieller Mittel.

Wenn Österreich aber – wie etwa 2013 geschehen – eine seiner fünf Berufsvertretungsbehörden in den USA schließt, konkret das Generalkonsulat in Chicago, dann signalisiert man damit genau das Gegenteil: unser Interesse an der Pflege und dem Ausbau der transatlantischen Beziehungen ist überschaubar. Gewiss, die Entscheidung zur Schließung des Büros in Chicago ist schon einige Zeit her, aber geschlossen ist eben geschlossen und derartige Entscheidungen werden nicht leicht zurückgenommen.

Dies soll aber nicht als ein Aufruf zur Wiedereröffnung des Generalkonsulates in Chicago missverstanden werden. Das wäre zwar schön und richtig, gleichzeitig aber auch viel zu wenig. Österreich sollte vielmehr – und zwar aus ureigenstem Interesse – nachhaltig in seine transatlantischen Bande investieren. Das würde eine gezielte Einladungs- und Besuchspolitik bedeuten, Investitionen in Personal, Büros, Wissenschafts- und Kulturbudgets und vieles andere mehr. So auch die Entwicklung eigener Foren und Plattformen für einen intensivierten transatlantischen Austausch. Der Slowakei ist es etwa mit dem seit 2005 betriebenen GLOBSEC Bratislava Forum Schritt für Schritt gelungen, eine wichtige internationale Plattform zu etablieren, vor der regelmäßig auch hohe und höchste US-Repräsentant:innen sprechen. In Österreich gibt es zwar zahlreiche Institutionen mit zentral- bzw. osteuropäischer Expertise oder das

Europäische Forum Alpbach mit seinem europapolitischen Fokus. Beides ist gut und wichtig. Eine GLOBSEC vergleichbare transatlantische Plattform hat Österreich bis heute aber nicht zu bieten. Wann ist etwa das letzte Mal der Mehrheitsführer des US-Senats in Österreich aufgetreten? Oder der Sprecher des US-Repräsentantenhauses? Der US Verteidigungs-, Wirtschafts- oder Außenminister? Und das, obwohl die bilateralen Wirtschaftsbeziehungen mit den USA für Österreich bedeutend und die Vereinigten Staaten der mit Abstand wichtigste österreichische Absatzmarkt außerhalb Europas sind – mit einem mehr als doppelt so großen Anteil wie China. Auf gut österreichisch würden man sagen: da gibt es noch Luft nach oben.

Wenn heute über die Frage nach dem »richtigen« Umgang mit Russland diskutiert wird, dann wird Österreich in den internationalen Medien meist in der Kategorie »Russland-Versteher« angeführt. Das ist nicht als Kompliment gemeint. Es würde Österreich daher gut anstehen, in Zukunft neben seiner zweifellos vorhandenen Osteuropa-Expertise auch seine Glaubwürdigkeit und Expertise als »Amerika-Versteher« aufzubauen. Die Stimme eines Österreich, das auch in den USA stark vernetzt ist, wäre gut für Europa und würde Österreich auch innerhalb der EU mehr Gewicht verleihen. Denn in Sicherheitsfragen wie auch in Fragen der globalen Wirtschafts-, Handels- und Technologiepolitik werden die USA nun einmal heute wie morgen den Ton angeben – like it or not.

Martin Weiss ist in Salzburg aufgewachsen und hat in der Folge in Graz, Wien und den USA Jus studiert. Er ist 1990 in den österreichischen Diplomatischen Dienst eingetreten und war Generalkonsul in Los Angeles sowie Botschafter in Zypern, Israel und den USA. Seit 2022 leitet er das Salzburg Global Seminar, eine unabhängige non-profit Organisation mit Sitz in Salzburg und Washington D.C.

STARK ERWEITERN – WEITER STÄRKEN?

Doris Wydra

Mit der Zuerkennung des Kandidatenstatus an die Ukraine, die Republik Moldau und Bosnien und Herzegowina im Jahr 2022 und Georgien Ende 2023 – auch als (vielleicht verspätete) Reaktion auf den russischen Angriffskrieg in der Ukraine – hat sich die Anzahl der Beitrittskandidaten auf neun erhöht. Damit verschärft sich das europäische Erweiterungsdilemma: die EU muss Erweiterungsversprechen einlösen, um auf dem europäischen Kontinent ein glaubwürdiger Akteur zu bleiben. Sie kann sie jedoch nicht einlösen, da ihre transformative Kraft nicht ausreichend scheint, um die aufnahmewilligen Länder auch in zur Aufnahme bereite liberale Demokratien zu verwandeln. Insbesondere die Länder des Westbalkans scheinen die zunehmend begrenzte Attraktivität liberaler Ideen vor Augen zu führen: Rechtsstaatlichkeit und Demokratie werden zu leeren Worthülsen, um sich Anerkennung (und Finanzierung) der EU zu sichern, während die politischen Eliten gleichzeitig staatliche Institutionen, wirtschaftliche Prozesse und gesellschaftliche Kontrollmechanismen (bis hin zu Wahlen) vereinnahmen und manipulieren. Noch beunruhigender: indem sie der EU Stabilität in einer Konfliktregion und Kooperation in Migrationsfragen zu garantieren scheinen, werden sie von der Union als Verhandlungspartner akzeptiert, wodurch die Aushöhlung rechtsstaatlicher und demokratischer Verfahren implizit toleriert wird.

Solch ein rein geostrategischer Blick auf die Erweiterung verkennt jedoch, dass die Aufnahme labiler Demokratien die Union schwächt. Die EU ist nicht als illiberale Gemeinschaft denkbar und die so oft beschworenen europäischen Werte sind nicht Zierelemente zivilisatorischer Entwicklung, sondern überlebensnotwendig für die EU als Werte- und Rechtsgemeinschaft. Wie aber kann die EU unter solchen Bedingungen Aufnahme nicht nur in Aussicht stellen, sondern zugleich im Erweiterungsprozess gestärkt werden?

Im Versuch geopolitische Positionssicherung und strikte Konditionalität zu vereinbaren, wurden verschiedene Vorschläge zur gestuften Aufnahme vorgelegt, darunter auch in einem österreichischen Positionspapier. Im Kern steht die schnelle Integration einzelner Sektoren (Binnenmarkt, Energie, Transport etc.), damit einhergehend verbesserter Zugang zu EU-Mitteln und die Reversibilität des Prozesses im Fall von Rückschritten. Damit wird verstärkt, was durch die letzten Reformen des Erweiterungsprozesses begonnen wurde: Betonung der »Grundlagen« (Rechtsstaatlichkeit, wirtschaftliche Kriterien und Verwaltungsreform), bessere Anreize durch Zugang zu EU-Programmen und die Möglichkeit von Sanktionen (Aussetzen von Verhandlungen, Einfrieren von Geldern). Fraglich ist, ob die Vorschläge eines stufenweisen Beitritts damit neu genug sind, um die oben skizzierten Pathologien des Erweiterungsprozesses zu beseitigen, oder doch nur ein ewiges »Vorzimmer« von Beinahe-Mitgliedern geschaffen wird – also mehr oder minder weiter das Gleiche getan wird, in der Hoffnung auf andere Ergebnisse.

Um Erweiterungsprozesse erfolgreich und nachhaltig voranbringen zu können, braucht die EU einen starken Verbündeten: die Bevölkerung – und zwar sowohl in den Kandidatenländern wie auch in den derzeitigen Mitgliedstaaten. Ohne aktives Engagement der Bürger und Bürgerinnen kann Demokratie weder gebaut noch gefestigt werden. Idealerweise ist es die Bevölkerung in den Kandidatenländern, die von den politischen Eliten aktiv Demokratie und Rechtsstaatlichkeit einfordert und sie zur Rechenschaft zieht, wenn diese Vorgaben nicht erfüllt werden. Aus diesem Grund betont die EU, und hier allen voran Österreich, im Rahmen von Initiativen wie dem Berlin-Prozess oder der »Friends of the Western Balkans« die Notwendigkeit der Stärkung der Zivilgesellschaft. Die praktische Umsetzung bleibt jedoch hinter den programmatischen Erklärungen zurück. Der Europäische Rechnungshof bemängelt 2022 die ungenügende Berücksichtigung der Bedürfnisse der Zivilgesellschaft in den Westbalkanländern, kritisiert eine ineffektive Konsultation von zivilgesellschaftlichen Organisationen (und schließt sich damit jener kritischen Literatur an, die oft eine rein formale Einbeziehung von den Regierungen nahestehenden Organisationen zum Aufbau einer Legitimitätsfassade verortet). Transparency International EU bemängelt fehlende konkrete Strategien, um dem schrumpfenden Raum für freie Medien und Zivilgesellschaft (zwei ineinander verwobene Phänomene) entgegen zu wirken.

Bereits jetzt unterstützt Österreich die unbürokratische Förderung von Aktivist:innen durch den Europäischen Demokratiefonds und durch nationale Programme der Zusammenarbeit, deren (zivil-)gesellschaftlicher Fokus jedoch weiter ausgebaut und gestärkt werden muss. Es braucht eine umfassende zivilgesellschaftliche Erweiterungsstrategie, die in Österreich die bestehende Strategie für den Donauraum und den Westbalkan aufwertet und ergänzt, indem sie vorhandenes zivilgesellschaftliches Knowhow ein- und umsetzt und klare Mechanismen ausformuliert, wie schrumpfende Handlungsräume für zivilgesellschaftliche Akteure in den Beitrittsländern sanktioniert und neue geschaffen werden können. Erste Zielrichtung dieser Strategie ist damit die Schaffung stärkerer »Beitrittsgesellschaften« mittels eines breiten Dialogs mit der Bevölkerung, in dem es um konkrete Probleme (auch abseits der Hauptstädte) und den möglichen Beitrag der EU zu deren Lösung geht. Dies würde Verständnis für das Funktionieren der EU und Vertrauen in ihre Institutionen aufbauen, anstatt die Union als schweigenden Komplizen der eigenen korrupten Institutionen erscheinen zu lassen.

Eine zivilgesellschaftliche Erweiterungsstrategie darf sich aber nicht nur nach außen richten, sondern muss auch die eigene Bevölkerung im Blick haben. Die geringe Befürwortung einer Erweiterung in Österreich steht in Zusammenhang mit einem innenpolitischen Diskurs, der permanent auf Bedrohungen von außen fokussiert, der gerade die Länder des Westbalkans hauptsächlich mit illegaler und Wirtschaftsmigration in Verbindung setzt, der zu Fragen offener Grenzen und Erweiterung des Schengenraums polarisiert. Wenn die Erweiterung der EU aber ein Ziel ist, braucht es eine positive Kommunikation zu Entwicklungsperspektiven einer erweiterten EU und Projekte, die unter starker Beteiligung der Bevölkerungen alter und potenzieller Mitgliedstaaten gemeinsame Zielsetzungen erarbeiten. Dazu könnte sich die gezieltere Förderung des Aufbaus von lokalen Europahäusern in den Kandidatenländern anbieten, als Bildungs- aber vor allen Dingen Begegnungsstätten, um den Austausch mit und die Einbindung an eine »europäische Zivilgesellschaft« (etwa durch EUNET, das European Network for Education and Training e.V.) voranzubringen, aber auch um ein gegenseitiges Kennen- und Voneinander-lernen unabhängig von Grenzen zu ermöglichen. Parallel dazu sollten auch in Österreich Projekte gefördert werden, die nicht nur vor Ort Begegnungen mit der Zivilgesellschaft der Kandidatenländer fördern, sondern auch ein Bewusstsein über die Vorteile der Erweiterung in der einheimischen Bevölkerung stärken.

Mit einem Verständnis von Erweiterungspolitik als gesamtgesellschaftlichem Prozess kann Österreich ideen- und beispielgebend auf europäischer Ebene sein und nicht nur ähnliche Strategien in anderen Mitgliedstaaten und – basierend auf best practices – auf europäischer Ebene anregen, sondern idealerweise auch dazu beitragen, ein stärkeres Vertrauen in die Europäische Union und ihre Prozesse zu schaffen. Dieses Vertrauen ist die Voraussetzung dafür, jene Anpassungen in den Verträgen vornehmen zu können, die nicht zuletzt für den Aufbau effektiver Rechtsstaatlichkeitsmechanismen unabdingbar sind. Denn nur eine Union, die von unten getragen wird, ist eine starke, demokratische und erweiterungsfähige Union, die ihren eigenen Werten gerecht wird.

Doris Wydra war nach Projekttätigkeiten in der Ukraine und Russland über mehrere Jahre Executive Director des Salzburg Centre of European Union Studies. Ihr thematischer Schwerpunkt liegt im Bereich der EU-Außenbeziehungen und der Europäischen Nachbarschaftspolitik. Zurzeit forscht sie an der Universität Salzburg im Rahmen eines FWF-Elise-Richter Projektes zu »(Il)liberal Contestation. The European Union as a Contested Liberal Actor in the Neighbourhood«.

HÄTTE HÄTTE LIEFERKETTE – EINE KETTENREAKTION FÜR EUROPA UND DIE WELT

Agnes Zauner

Freude, schöner Götterfunken, Tochter aus Elysium, Wir betreten feuertrunken, Himmlische, dein Heiligthum. – Bei Schillers Gedicht, das oftmals zur Hymne der Europäischen Union gesungen wird, gehen wohl fast alle Herzen auf. Die Idee einer Gemeinschaft, die das gute, gerechte und friedliche Leben, an dem sich alle gleichermaßen erfreuen können, im Zentrum hat, hat das Potential, diese Vision auch auf den Weg zu bringen.

Noch halten uns die massive Ausbeutung von Mensch und Natur davon ab: Menschen, die in der EU unter dem Mindestlohn arbeiten müssen, deren harte Tätigkeit nicht oder zu gering entlohnt wird, um ein menschenwürdiges Leben zu führen. Menschen, vor allem Frauen, die unser aktuelles System mit schier unendlichen Stunden unbezahlter (Sorge-)Arbeit aufrechterhalten. Menschen, die unsere Produkte in fernen Ländern herstellen und dort nicht einmal eine sichere Arbeitsstätte frei von Giften und Einsturzgefahren haben.

Die Natur wird massiv geschädigt durch ein Mehr und Mehr an Rohstoffausbeutung, an Bodenversiegelung, Giftmüll, Energiegewinnung, Abholzung für Industrie und Futtermittelgewinnung für Fleisch, das wir dann in großen Teilen gar nicht erst essen, sondern wegschmeißen. Die Zerstörung der Lebensräume von Tieren und Pflanzen bedeutet auch eine Gefahr für die Menschen. Wir als Spezies sind Teil der sensiblen Ökosysteme, die uns unsere Lebensgrundlagen liefern. Wir merken die negativen Folgen in Pandemien,

Artensterben und den Auswirkungen der Klimakrise: Naturkatastrophen, Extremwetterereignisse, Ressourcenknappheit, Ernteausfall. Auch in Europa sind diese Phänomene längst angekommen. Mittlerweile erleben wir jedes Jahr auch auf unserem nördlichen Kontinent massive Waldbrände, Überschwemmungen, Stürme oder Hagelschläge. Wir rasen auf eine drei Grad Celsius wärmere Welt zu. Vielleicht sogar mehr, denn die Kipppunkte können wir nicht alle genau vorhersagen. Sicher ist, dass diese Entwicklung nicht nur unsere Wirtschaft, unser Zusammenleben, sondern die menschliche Zivilisation auf allen Kontinenten bedroht. Wie kommen wir aus dieser Abwärtsspirale raus, die uns unser Wirtschaftssystem eingebrockt hat?

Deine Zauber binden wieder, Was die Mode streng geteilt; Alle Menschen werden Brüder, Wo dein sanfter Flügel weilt. – Die hier angesprochene Solidarität zwischen den Menschen ist ein Schlüssel für ein gutes Leben und eine prosperierende Gesellschaft in einer intakten Natur in der EU und darüber hinaus. Ganz zentral dafür ist, wie wir unser Wirtschaftssystem gestalten. Dass es sich in den nächsten Jahren und Jahrzehnten massiv verändern wird, ist klar, wir haben nur die Wahl: *Change by design or change by disaster.* Jetzt basiert unser Wirtschaftssystem auf den oben genannten Ausbeutungen und den daraus resultierenden Gefahren für Mensch und Natur. Genau jetzt haben wir jedoch einen gigantischen Hebel, der uns voranbringen könnte: Ein Gesetz für die Verantwortung der Unternehmen für ihre Lieferketten. Er wird nicht der einzige sein, der notwendig ist, um eine echte sozial gerechte und ökologische Wende in unserem Wirtschaften einzuleiten, aber er wird ein zentraler sein. Wenn wir es schaffen.

Freude heißt die starke Feder, In der ewigen Natur. – Die Natur wird hier explizit besungen. Bedenken wir, dass wir als Menschheit ausschließlich fortbestehen können, wenn diese Natur intakt ist. Das ist die Basis. Von allem. Wenn Konzerne dazu verpflichtet werden, ihre Lieferketten zu kennen und die Verantwortung für Schäden an Mensch und Umwelt rechtlich übernehmen müssen, wird dies zu einer Umstellung des Wirtschaftens führen: in der wirtschaftsmächtigen EU als auch in den Ländern, aus denen wir Rohstoffe, Produkte oder Arbeitskraft beziehen. Umweltkatastrophen wie der Staudammbruch in Brumadinho in Brasilien oder der Einsturz der Textilfabrik Rana Plaza in Bangladesch bleiben dann nicht länger ohne Konsequenzen oder passieren, wenn ein starkes Lieferkettengesetz in Kraft ist, erst gar nicht. Auch große Produzenten der notwendigen Technik, die uns aus dem fossilen und in ein Zeitalter der erneuerbaren Energien bringt, wie chinesische Firmen, werden ihre PV-Paneele nicht mehr durch Ausbeutung produzieren dürfen, wenn sie in den riesigen Absatzmarkt Europa exportieren wollen.

Unternehmen mit Sitz in der EU ab 250 Mitarbeiter:innen und mehr als 40 Millionen Euro Umsatz – so die Position des EU-Parlaments – würden durch ein Lieferkettengesetz verpflichtet werden, die Folgen ihres Wirtschaftens an jeder Stelle in der Wertschöpfungskette zu analysieren und Menschenrechte und Umweltstandards einzuhalten. Dazu müssen sie Risikoanalysen durchführen und effektive Maßnahmen festlegen, um Missstände zu beheben. Über diese Risiko- und Maßnahmenanalyse sollen die Konzerne öffentlich berichten. Betroffene sollen in jeder Stufe der Lieferkette Beschwerdemechanismen nutzen können, damit diese im Schadensfall entschädigt werden können. Für den Fall der Missachtung sind schwerwiegende Sanktionen und zivilrechtliche Haftung vorgesehen. Nur so können die Werte, für die die Europäische Union steht, auch nachhaltig in ihrem Wirtschaften umgesetzt werden. Einzelne Unternehmen zeigen schon heute, dass dies möglich ist, eine gesetzliche Grundlage schafft faire Bedingungen für alle Akteur:innen. Gerade in Österreich gibt es viele Vorreiter in Sachen Umwelt- und Klimaschutz, denen das Gesetz endlich Fairness im Wettbewerb schaffen würde. Solche österreichischen Unternehmen und Organisationen in die Gestaltung eines Lieferkettengesetzes und dessen Umsetzung einzubinden, wäre ein wirksamer Hebel, ein Lieferkettengesetz im Umwelt- und Menschenrechtsschutz stark und gleichzeitig für die Unternehmen praktikabel zu machen. Hier braucht es neben guten Regelungen gesetzlicher Natur, wie zum Beispiel eine europäische, aber auch nationale Kontrollbehörden, auch technische Lösungen, die Firmen einen Überblick über ihre Lieferketten möglichst einfach bieten können. Solche Analyse- und Monitoringtools gibt es bereits und werden von einigen Unternehmen auch getestet oder schon genutzt. Der Ball liegt bei der österreichischen Regierung, sich für diese Vorreiter in der Wirtschaft sowie die schnelle und umfassende Verbreitung praktikabler und unternehmensfreundlicher Lösungen zur Kontrolle von Lieferketten auf EU-Ebene einzusetzen. Damit würde eine maßgebliche Verbesserung für Mensch und Umwelt einhergehen.

Wie können wir, die EU, diese Gesetze, die entlang der Wertschöpfungsketten wirken, auf den Weg bringen und tatsächlich umsetzen?

Freude, Freude treibt die Räder, In der großen Weltenuhr, Blumen lockt sie aus den Keimen, Sonnen aus dem Firmament, Sphären rollt sie in den Räumen, Die des Sehers Rohr nicht kennt. – Die europäische Zivilgesellschaft ist der Schlüssel. Das gemeinsame Engagement für die lebenswerte und gerechte Zukunft der Menschen in unserer Staatengemeinschaft, auf unserem Kontinent und weit darüber hinaus ist wesentlich und hat sich in unzähligen Themenfeldern schon als höchst wirksam erwiesen. Für ein gutes Leben für alle braucht es den Zusammenhalt. Gerade der Einsatz für ein starkes EU-Lieferkettengesetz zeigt diese Zusammenarbeit: von Vertretungen der Arbeitnehmer:innen und Gewerkschaften, Pionierunternehmen bis Umwelt- und entwicklungspolitischen Organisationen, die mit Partnerorganisationen im Globalen Süden, wo der oft elende Anfang der Wertschöpfungskette liegt, gemeinsam wirken.

Die Freude, gemeinsam für die gute Zukunft, das Schöne, zu kämpfen, kann nicht überschätzt werden. Wir entscheiden uns alle als Bürger:innen und in unserem täglichen Tun, auf welcher Seite der Geschichte wir stehen wollen. Und der gemeinsame Einsatz für die Zukunft, für Leben, für Gerechtigkeit, der gibt Aufwind und ist zutiefst europäisch. Denn dieser Einsatz ist ein Privileg, das in Demokratien hart erkämpft wurde.

Agnes Zauner ist Politische Geschäftsführerin der Umweltschutzorganisation GLOBAL 2000. Ihr Fokus liegt auf ganzheitlichen Lösungen – im Lokalen wie im Globalen, auf der Transformation des Wirtschaftssystems hin zu einem System, das die planetaren Grenzen einhält und nicht mehr auf der Ausbeutung von Mensch und Natur basiert. Ein besonderer Fokus liegt bei ihr auf Klima- und Geschlechtergerechtigkeit.

IN GUTEN HÄNDEN – ANTISEMITISMUS-MONITORING ALS AUFGABE DES PARLAMENTS

Eva Zeglovits und Thomas Stern

Anlässlich des Gedenkjahres 2018 hat sich die Parlamentsdirektion auf Initiative von Nationalratspräsident Wolfgang Sobotka dazu entschlossen, den Startschuss für ein regelmäßiges Monitoring von Antisemitismus in Österreich zu setzen. Die Studie, die mittlerweile dreimal – 2018, 2020 und 2022 – durchgeführt wurde, soll die Verbreitung antisemitischer Einstellungen in Österreich erfassen und damit eine empirische Grundlage dafür bieten, Maßnahmen gegen Antisemitismus zu entwickeln.

Dass in Österreich sich das Parlament dafür in der Verantwortung sieht, sich mit dem Thema Antisemitismus umfassend und regelmäßig zu beschäftigen, ist deshalb positiv herauszustreichen, als dass Demokratiezufriedenheit und Antisemitismus nicht unabhängig voneinander betrachtet werden können. *»Juden sind so etwas wie der Gradmesser der Gesellschaft. Wer sie angreift, greift alle demokratischen und multikulturellen Werte an«,* schreibt die Holocaust-Forscherin Deborah Lipstadt in ihrem 2018 erschienenen Buch *»Antisemitism here and now«.* Insofern ist die Bekämpfung des Antisemitismus beim Parlament, als eine der wichtigsten Institutionen der Demokratie, genau richtig angesiedelt und sollte wegweisend für ganz Europa sein.

Das Besondere an der österreichischen Antisemitismus-Studie ist aber auch, dass sie in einer Regelmäßigkeit durchgeführt wird, die es erlaubt, Veränderungen zu beobachten, Ergebnisse in den Kontext aktueller Ereignisse zu stellen, und in jeder Durchführungswelle besondere Schwerpunkte zu setzen, die sich aus den Ergebnissen der früheren Erhebungen ableiten lassen.

Dabei wird als Kernelement Antisemitismus in all seinen vielfältigen Erscheinungsformen, vom rassistischen über den religiösen bis zum israelbezogenen Antisemitismus, erfasst. Die für Österreich repräsentative Erhebung wird mit einer großen Fallzahl von 2.000 Befragten durchgeführt, darüber hinaus werden in Spezialstichproben auch Menschen mit Migrationshintergrund in türkisch- oder arabischsprachigen Ländern befragt, wobei diese die Interviews wahlweise auch auf Türkisch oder Arabisch machen können. Diese Gruppen wurden bewusst ausgewählt, um Menschen zu erfassen, die Wurzeln in Ländern haben, wo laut internationalen Studien (wie etwa jener der Anti-Defamation League) Antisemitismus weit verbreitet ist, und wo gleichzeitig die Gruppengröße ausreicht, um sie eigens analysieren zu können.

War im Startjahr 2018 noch die sozialpsychologische Einbettung im Vordergrund der Studie, also der Zusammenhang mit autoritären Einstellungen, mit gruppenbezogener Menschenfeindlichkeit und sozialer Dominanzorientierung, so wurde 2020 der Fokus auf den Zusammenhang zwischen antisemitischen Einstellungen und Medienkonsum sowie Verschwörungsmythen im Kontext der Corona-Pandemie, aber auch ganz generell, gelegt. Die Erhebung der 2020er Studie fand unmittelbar nach dem Terroranschlag in Wien statt. Die Zustimmung zu antisemitischen Aussagen lag in diesem Jahr deutlich niedriger als in den anderen beiden Erhebungsjahren. Bei einer einmaligen Durchführung könnten solche Zusammenhänge nicht entdeckt werden. 2022 wiederum wurden erneut die Verschwörungsmythen bearbeitet, diesmal aber auch im Kontext des russischen Angriffskriegs in der Ukraine. Darüber hinaus wurde 2022 auch erfasst, wo und wie die Menschen Antisemitismus wahrnehmen, wie er bekämpft werden kann, und inwieweit das Parlament hier in einer aktiven Rolle gesehen wird.

Die Ergebnisse sind ambivalent. Zum einen konnte in historischen Vergleichen gezeigt werden, dass manche antisemitische Einstellungen – wie etwa die Schuldumkehr – in den letzten rund 40 Jahren stark zurückgegangen sind. Andererseits liegt der Post-Holocaust-Antisemitismus und der israelbezogene Antisemitismus stabil bei über 30 Prozent.

Auf Basis der empirischen Daten können Gruppen identifiziert werden, die besonders anfällig sind für antisemitische Einstellungen, und es können darüber hinaus Zusammenhänge mit anderen Einstellungen bestimmt werden, die es ermöglichen, Maßnahmen zu entwickeln, die genau für diese Gruppen oder an diesen Hebeln wirken. Wer autoritär veranlagt ist, wer bereit ist, Gruppen in der Gesellschaft hierarchisch zu werten, wer wenig über Juden und das jüdische Leben weiß, wer in Schule und Unterricht nicht oder wenig über Antisemitismus, Holocaust oder jüdisches Leben gesprochen hat, wer Informationen aus klassischen Medien misstraut, wird eher bereit sein, antisemitische Aussagen für zutreffend zu halten. Außergewöhnlich stark fällt ein Zusammenhang ins Auge: Wer Verschwörungsmythen anhängt, der ist auch ein Vielfaches antisemitischer als Personen, deren Weltsicht auf Fakten beruht. Besonders ausgeprägt sind antisemitische Einstellungen bei Befragten aus den türkisch- und arabischsprachigen Gruppen, auch dann, wenn sie in Österreich geboren und aufgewachsen und zur Schule gegangen sind. Bei all diesen Mustern und Zusammenhängen wäre es wichtig zu wissen, ob diese in anderen Ländern ebenso beobachtet werden können.

Empirische Ergebnisse sind nur so wertvoll, wie sie auch genutzt werden. Daher sollten sie niederschwellig einer breiten Öffentlichkeit zugänglich gemacht werden, wie das bei der österreichischen Studie durch die öffentliche Verfügungstellung aller Berichte und Chartbände der Fall ist. Für die akademische Forschung werden zudem die Rohdaten für tiefergehende Analysen freigegeben.

Nicht zuletzt finden die Ergebnisse der Antisemitismus-Studie auch direkten Eingang in die Arbeit des Parlaments. Für seine Demokratiewerkstatt wurden eigene Module erarbeitet und in der Parlamentsbibliothek widmet sich eine eigene Ausstellung dem Thema. Direkten Einfluss hatten die Ergebnisse auch auf die schulische Ausbildung: Die Studie bot die Basis für die Errichtung des »Gedenkstättenfonds« des Bildungsministeriums, der Schulbesuche in KZ-Gedenkstätten mit 1,5 Millionen Euro pro Jahr fördert. Auch international steht die Studie im Fokus, so stellte sie 2019 den inhaltlichen Schwerpunkt der Konferenz der deutschsprachigen Parlamentspräsidenten und floss 2023 in die European Conference on Antisemitism ein.

Natürlich werden immer wieder Fragen zu Antisemitismus in europaweiten Studien gestellt: Im Eurobarometer gibt es in unregelmäßigen Abständen, zuletzt 2019, Fragen dazu, auch die Agentur der Europäischen Union für Grundrechte nimmt sich des Themas immer wieder an. Viele weitere Länderstudien in Europa gehen auf Initiative von Stiftungen zurück, aber nicht auf öffentliche Einrichtungen.

Die Antisemitismus-Studie des österreichischen Parlaments besticht durch ihre umfassende Erfassung des Phänomens und zahlreicher Einflussfaktoren, sowie durch ihre Regelmäßigkeit, die es erlaubt, aktuelle Kontexte zu verstehen. Mit dem Parlament als Auftraggeber setzt Österreich ein Signal, dass die Bekämpfung von Antisemitismus eine zentrale Aufgabe der Demokratie ist und ernstgenommen wird.

Österreich ist daher gut positioniert, sich auch für eine stärkere europäische Bekämpfung von Antisemitismus einzusetzen. Mit regelmäßigen, europaweiten Studien könnten antisemitische Entwicklungen empirisch beobachtet werden. Das Europäische Parlament, das sich ja auch den Schutz der Grundrechte in der Union zur Aufgabe gemacht hat, sollte sich als treibende Kraft der darauf aufbauenden Entwicklung von Gegenmaßnahmen verstärkt widmen.

Antisemitismus hat in einem demokratischen und pluralistischen Europa nichts verloren, der Kampf gegen Antisemitismus sollte daher auch gemeinsam geführt werden.

Eva Zeglovits studierte Statistik und Politikwissenschaften an der Universität Wien. Sie ist seit 25 Jahren in der universitären und außeruniversitären empirischen Sozialforschung tätig. Seit 2014 arbeitet sie im Institut für empirische Sozialforschung (IFES), wo sie seit 2015 auch Geschäftsführerin und seit 2019 Miteigentümerin ist. Seit 2018 ist sie wissenschaftliche Projektleiterin der Antisemitismus-Studien des österreichischen Parlaments.

Thomas Stern ist Geschäftsführer einer Digitalagentur in Wien. Er verantwortete 1988 die erste österreichische Antisemitismuserhebung mit Schwerpunkt Studierende und gab im gleichen Jahr den historischen Sammelband »Geschichte und Verantwortung« heraus. In den letzten 20 Jahren leitete er zahlreiche Projekte aus dem Bereich der Zeitgeschichte. Seit 2018 ist er Projektkoordinator der Antisemitismus-Studie des österreichischen Parlaments.

ÖSTERREICHS BEITRAG ZUR UMSETZUNG DES WELTRECHTSPRINZIPS INNERHALB DER EUROPÄISCHEN UNION

Shoura Zehetner-Hashemi

Im Juni 2023 gab es bei Amnesty International Österreich etwas Großes zu feiern. Zwei unserer sogenannten »Langzeitfälle«, politische Gefangene, für deren Freilassung wir uns über Jahre hinweg eingesetzt und Aktivist:innen mobilisiert hatten, wurden im Zuge eines Gefangenenaustauschs zwischen Belgien, Österreich und dem Iran aus dem berüchtigten Teheraner Evin-Gefängnis entlassen. Das Besondere an diesen beiden politischen Gefangenen war, dass sie einerseits österreichische Staatsbürger sind und andererseits als Geiseln mehrere Jahre in der Islamischen Republik Iran festgehalten worden waren. Kamran Ghaderi und Massud Mossaheb wurden während eines Urlaubsaufenthaltes im Iran verhaftet und unter dem Vorwand der »Spionage für ausländische Mächte« nach einem unfairen Prozess, der keinen rechtsstaatlichen Prinzipien Genüge tat, zu mehrjährigen Haftstrafen verurteilt. Dass die beiden Österreicher nach einer vier- bzw. siebenjährigen Haftzeit wieder freikamen, hatte jedoch weniger mit diplomatischem Geschick Österreichs als mit der Tatsache zu tun, dass der Iran einen Mitarbeiter seines Informationsministeriums, der in Belgien inhaftiert war und in den Iran überstellt werden sollte, gegen Kamran Ghaderi, Massud Mossaheb und eine belgische Geisel eintauschte.

Abgesehen von der Freude über die Freilassung mehrerer europäischer Gewissensgefangener, stellen wir uns als Menschenrechtsorganisation schon länger die Frage, wie es in derartigen Fällen mit der Strafverfolgung auf europäischer Ebene und durch europäische Organe aussieht? Welche Möglichkeiten hat die Europäische Union, ihren Staatsangehörigen bei Verbrechen gegen die Menschlichkeit zumindest nachträglich Recht zukommen zu lassen? Und welchen Beitrag kann Österreich leisten, um eine universelle Strafverfolgung der schwersten Verbrechen, von der Europäischen Union ausgehend, zu unterstützen bzw. zur Weiterentwicklung eines modernen Völkerrechts beizutragen?

Die Umsetzung des sogenannten Weltrechtsprinzips auf europäischer Ebene ist ein komplexes Thema, das sich mit der Frage befasst, wie europäische Staaten ihre internationalen Verpflichtungen und das Völkerrecht in Bezug auf Menschenrechte und humanitäres Recht einhalten. Das Weltrechtsprinzip, auch bekannt als universelle Jurisdiktion, besagt, dass bestimmte schwerwiegende Verbrechen wie Völkermord, Kriegsverbrechen, Verbrechen gegen die Menschlichkeit, Folter und das willkürliche Verschwindenlassen von Personen von jedem Land verfolgt und geahndet werden können, unabhängig von der Staatsangehörigkeit des Täters oder des Opfers und unabhängig vom Ort, an dem das Verbrechen begangen wurde.

Die Europäische Union hat das Potential, eine entscheidende Rolle bei der Förderung und Umsetzung des Weltrechtsprinzips in Europa und darüber hinaus zu spielen. Denn es erfordert die Zusammenarbeit von Staaten und internationalen Institutionen, um sicherzustellen, dass Personen, die solcher Verbrechen verdächtigt werden, vor Gericht gestellt und zur Rechenschaft gezogen werden.

Die Europäische Union kann das Weltrechtsprinzip durch die Entwicklung und Umsetzung von Gesetzen und politischen Maßnahmen stärken. Dazu gehört zunächst die Harmonisierung nationaler Gesetze: Die EU kann ihre Mitgliedstaaten dazu ermutigen, ihre nationalen Gesetze so zu gestalten, dass sie die Verfolgung von Verbrechen unter Anwendung des Weltrechtsprinzips ermöglichen. Dies könnte die Einführung oder Aktualisierung von Gesetzen zur

Verfolgung von Völkermord, Kriegsverbrechen und Verbrechen gegen die Menschlichkeit beinhalten.

In Österreich ermöglichen §64 StGB und die Implementierung des Rom-Statuts des Internationalen Strafgerichtshofes in das nationale Recht bereits jetzt eine lückenlose Strafverfolgung schwerwiegender Menschenrechtsverletzungen. Auf der Basis von §64 StGB ist die Einleitung und Durchführung eines Ermittlungs- und Beweisverfahrens bis hin zur Ausstellung internationaler Haftbefehle gegen Personen, die Verbrechen gegen die Menschlichkeit begangen haben, bereits möglich. Österreich könnte jedoch darüber hinaus, auf seiner nationalen Jurisdiktion aufbauend, als Mitgliedsland der Europäischen Union und als aktiver Befürworter der Menschenrechte, einen wichtigen Beitrag zur Umsetzung des Weltrechtsprinzips auf gesamteuropäischer Ebene leisten.

Als sogenannter Amtssitzstaat, mit Wien als Hauptstadt, die eine Reihe wichtiger internationaler Organisationen und Institutionen, darunter die Vereinten Nationen und die Organisation für Sicherheit und Zusammenarbeit in Europa (OSZE) beherbergt, wäre Österreich geradezu prädestiniert, eine Vorreiterrolle auf europäischer Ebene zur Umsetzung des Weltrechtsprinzips einzunehmen.

Ein europäischer *Excellence Hub* mit Sitz in Wien, der die grenzüberschreitende Zusammenarbeit bei der Umsetzung des Weltrechtsprinzips auf europäischer und internationaler Ebene koordiniert, wäre eine konkrete Maßnahme, die Österreich der Europäischen Union anbieten könnte. Eine derartige Institution in Österreich könnte eng mit anderen europäischen Staaten, internationalen Organisationen und Nichtregierungsorganisationen, die sich für die Bekämpfung der Straffreiheit weltweit einsetzen, zusammenarbeiten, um die universelle Jurisdiktion zu fördern und die Strafverfolgung von Personen, die schwerste Verbrechen begangen haben, zu unterstützen. Dies kann außerdem die Zusammenarbeit bei der Sammlung von Beweisen, der Auslieferung von Verdächtigen aus allen EU-Staaten und der Bereitstellung rechtlicher Unterstützung umfassen. Insbesondere der russische Angriffskrieg auf die Ukraine hat uns allen die Dringlichkeit aufgezeigt, mit der es notwendig ist, das Thema der universellen Strafverfolgung rasch und effizient weiterzuentwickeln.

Ein weiterer österreichischer Beitrag könnte darin bestehen, eine proaktive Rolle in internationalen Foren wie dem UN-Menschenrechtsrat zur Umsetzung des Weltrechtsprinzips einzunehmen: Österreich sollte sich, seiner Tradition als Völkerrechts-Musterland entsprechend, an Diskussionen und Verhandlungen auf internationaler Ebene beteiligen, um die universelle Jurisdiktion zu fördern und zu stärken. Dies kann in Form von diplomatischen Bemühungen und der Unterstützung internationaler Abkommen und Verträge geschehen – auch durch finanzielle Mittel.

Österreich sollte sich zudem stärker im Rahmen der Unterstützung von Opfern schwerwiegender Verbrechen und deren Zugang zu Gerechtigkeit engagieren. Dies kann die Bereitstellung von Unterstützungsdiensten und Schutzmaßnahmen für Opfer sowie die Förderung von Opferrechten in nationalen und internationalen Verfahren umfassen.

Jeder Beitrag zur verbesserten Umsetzung des Weltrechtsprinzips stärkt das Völkerrecht und die internationale Ordnung. Eine universelle Jurisdiktion dient aber nicht nur dem Schutz der Menschenrechte. Sie ist ein entscheidender Beitrag für die Aufrechterhaltung des Friedens und der Sicherheit innerhalb der internationalen Gemeinschaft.

Auch Kamran Ghaderi und Massud Mossaheb, die beiden politischen Gefangenen, die Amnesty International Österreich über Jahre hinweg betreut und für deren Freilassung wir uns auf jeder Ebene eingesetzt haben, würden so, zumindest nachträglich, ein wenig Wiedergutmachung erfahren für das erlittene Unrecht, die jahrelange Folter und das Getrenntsein von ihren Angehörigen.

Shoura Zehetner-Hashemi ist Juristin und war von 2008 bis 2023 im diplomatischen Dienst des Außenministeriums in Wien tätig. Geboren 1982 in Mashhad, Iran, floh die Familie 1987 nach Österreich und erhielt dort politisches Asyl. Nach dem Jusstudium in Wien absolvierte Shoura Zehetner-Hashemi die Diplomatische Akademie. Zehetner-Hashemi hat während ihrer Laufbahn im höheren auswärtigen Dienst sechs Jahre im Ausland verbracht (an den österreichischen Vertretungen in Brüssel, Genf und Jakarta). Seit 1. August 2023 ist sie Geschäftsführerin von Amnesty International Österreich.

30 IDEEN FÜR EUROPA

30 Ideen für Europa
Österreichische Gesellschaft
für Europapolitik (Hg.)
ISBN: 978-3-7076-0749-9
144 Seiten
20,00 Euro

Wie wird sich die Europäische Union zukünftig entwickeln? Wer findet Antworten auf die Klimakrise und wie können die Chancen der Digitalisierung genutzt werden?

Ob Bildung, die globale Positionierung der Union oder die Gesundheitskrise: Die EU steht vor großen Herausforderungen. Denn nicht nur der Umgang mit Migration und der Schutz der EU-Außengrenzen haben zu immer stärkeren Differenzen zwischen den Mitgliedstaaten geführt. Auch die unterschiedliche Auslegung von Rechtsstaatlichkeit macht deutlich: Es braucht neue, gesamteuropäische Impulse.

UNTER 30!

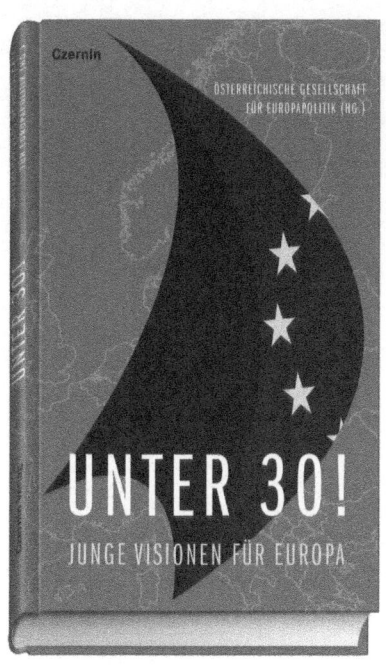

**Unter 30! Junge Visionen
für Europa**
Österreichische Gesellschaft
für Europapolitik (Hg.)
ISBN: 978-3-7076-0781-9
152 Seiten
22,00 Euro

Die Europäische Union steht inmitten einer Zeitenwende. Die russische Invasion der Ukraine lässt alte Gewissheiten schwinden und zwingt die EU, sich nach innen wie nach außen neu aufzustellen. Sie braucht überzeugende Antworten auf die Krisen unserer Zeit und muss grüner, digitaler, solidarischer und widerstandsfähiger werden.

Zukunftsweisende Entscheidungen dürfen dabei nicht ohne das Mitwirken jener getroffen werden, die ihre Folgen erleben und das Europa von morgen gestalten werden. In »Unter 30!« skizzieren junge Europäerinnen und Europäer ihre vielfältigen Vorstellungen für die Zukunft der Europäischen Integration, ihre innovativen Ideen und neuen Ansätze für ein geeintes Europa. Dabei stellen sie sich der Frage: Wie geht es mit der Europäischen Union weiter?

ÜBER DIE HERAUSGEBER

Österreichische Gesellschaft
für Europapolitik

Die Österreichische Gesellschaft für Europapolitik wurde 1991 gegründet. Als parteipolitisch unabhängiger Verein auf sozialpartnerschaftlicher Basis informiert sie über die EU-Integration, analysiert aktuelle Entwicklungen und steht für einen offenen Dialog über europapolitische Fragen und deren Relevanz für Österreich.

www.oegfe.at
europa@oegfe.at